Psychologie
Das Übungsbuch

Richard J. Gerrig
Philip G. Zimbardo

Psychologie
Das Übungsbuch

Das Prüfungstraining zum Zimbardo

Deutsche Bearbeitung von Ralf Graf

Higher Education
München • Harlow • Amsterdam • Madrid • Boston
San Francisco • Don Mills • Mexico City • Sydney
a part of Pearson plc worldwide

Bibliografische Information der Deutschen Nationalbibliothek

Die Deutsche Nationalbibliothek verzeichnet diese Publikation in der Deutschen National-
bibliografie; detaillierte bibliografische Daten sind im Internet über *http://dnb.d-nb.de* abrufbar.

Die Informationen in diesem Buch werden ohne Rücksicht auf einen
eventuellen Patentschutz veröffentlicht.
Warennamen werden ohne Gewährleistung der freien Verwendbarkeit benutzt.
Bei der Zusammenstellung von Texten und Abbildungen wurde mit größter
Sorgfalt vorgegangen. Trotzdem können Fehler nicht ausgeschlossen werden.
Verlag, Herausgeber und Autoren können für fehlerhafte Angaben
und deren Folgen weder eine juristische Verantwortung noch irgendeine Haftung übernehmen.
Für Verbesserungsvorschläge und Hinweise auf Fehler sind Verlag und Autor dankbar.

Alle Rechte vorbehalten, auch die der fotomechanischen Wiedergabe und der
Speicherung in elektronischen Medien.
Die gewerbliche Nutzung der in diesem Produkt gezeigten Modelle und Arbeiten
ist nicht zulässig.

Fast alle Produktbezeichnungen und weitere Stichworte und sonstige Angaben,
die in diesem Buch verwendet werden, sind als eingetragene Marken geschützt.
Da es nicht möglich ist, in allen Fällen zeitnah zu ermitteln, ob ein Markenschutz besteht,
wird das ® Symbol in diesem Buch nicht verwendet.

Authorized translation from the English language edition, entitled PSYCHOLOGIE AND LIFE,
18th Edition by ZIMBARDO, PHILIP G.; GERRIG, RICHARD, published by Pearson Education, Inc.,
publishing as Allyn and Bacon, Copyright © 2007 by Pearson Education, Inc.

10 9 8 7 6 5 4

13

ISBN 978-3-86894-073-2

© 2011 by Pearson Deutschland GmbH
Martin-Kollar-Straße 10-12, D-81829 München/Germany
Alle Rechte vorbehalten
www.pearson.de
A part of Pearson plc worldwide

Lektorat: Kathrin Mönch, kmoench@pearson.de
Fachlektorat: Dr. Ralf Graf unter Mitwirkung von Anna-Theresa Bühl und Andrea Prölß
Korrektorat: Dr. Marion Sonnenmoser
Einbandgestaltung: Thomas Arlt, tarlt@adesso21.net
Titelbild: Plainpicture, Hamburg / apply pictures
Herstellung: Claudia Bäurle, cbaeurle@pearson.de
Satz: mediaService, Siegen (www.media-service.tv)
Druck und Verarbeitung: Kösel, Krugzell (www.KoeselBuch.de)

Printed in Germany

Inhaltsübersicht

Vorwort		1
Kapitel 1	Psychologie als Wissenschaft	3
Kapitel 2	Forschungsmethoden der Psychologie	11
Kapitel 3	Die biologischen und evolutionären Grundlagen des Verhaltens	21
Kapitel 4	Sensorische Prozesse und Wahrnehmung	33
Kapitel 5	Bewusstsein und Bewusstseinsveränderungen	47
Kapitel 6	Lernen und Verhaltensanalyse	57
Kapitel 7	Gedächtnis	71
Kapitel 8	Kognitive Prozesse	83
Kapitel 9	Intelligenz und Intelligenzdiagnostik	93
Kapitel 10	Entwicklung	105
Kapitel 11	Motivation	117
Kapitel 12	Emotionen, Stress und Gesundheit	127
Kapitel 13	Die menschliche Persönlichkeit	139
Kapitel 14	Psychische Störungen	151
Kapitel 15	Psychotherapie	165
Kapitel 16	Soziale Kognition und Beziehungen	177
Kapitel 17	Soziale Prozesse, Gesellschaft und Kultur	187

Inhaltsverzeichnis

Vorwort			1
Kapitel 1	Psychologie als Wissenschaft		3
	1.1	Verständnisfragen	4
	1.2	Multiple-Choice-Fragen	4
	1.3	Richtig oder Falsch?	7
	1.4	Antworten auf die Verständnisfragen	8
	1.5	Antworten auf die Multiple-Choice-Fragen	9
	1.6	Richtig oder Falsch?	10
Kapitel 2	Forschungsmethoden der Psychologie		11
	2.1	Verständnisfragen	12
	2.2	Multiple-Choice-Fragen	13
	2.3	Richtig oder Falsch?	15
	2.4	Antworten auf die Verständnisfragen	16
	2.5	Antworten auf die Multiple-Choice-Fragen	19
	2.6	Richtig oder Falsch?	19
Kapitel 3	Die biologischen und evolutionären Grundlagen des Verhaltens		21
	3.1	Verständnisfragen	22
	3.2	Multiple-Choice-Fragen	23
	3.3	Richtig oder Falsch?	25
	3.4	Antworten auf die Verständnisfragen	27
	3.5	Antworten auf die Multiple-Choice-Fragen	30
	3.6	Richtig oder Falsch?	30
Kapitel 4	Sensorische Prozesse und Wahrnehmung		33
	4.1	Verständnisfragen	34
	4.2	Multiple-Choice-Fragen	35
	4.3	Richtig oder Falsch?	39
	4.4	Antworten auf die Verständnisfragen	40
	4.5	Antworten auf die Multiple-Choice-Fragen	44
	4.6	Richtig oder Falsch?	45
Kapitel 5	Bewusstsein und Bewusstseinsveränderungen		47
	5.1	Verständnisfragen	48
	5.2	Multiple-Choice-Fragen	49
	5.3	Richtig oder Falsch?	51
	5.4	Antworten auf die Verständnisfragen	52
	5.5	Antworten auf die Multiple-Choice-Fragen	55
	5.6	Richtig oder Falsch?	55

Inhaltsverzeichnis

Kapitel 6 Lernen und Verhaltensanalyse 57
    6.1 Verständnisfragen 58
    6.2 Multiple-Choice-Fragen 59
    6.3 Richtig oder Falsch? 62
    6.4 Antworten auf die Verständnisfragen 65
    6.5 Antworten auf die Multiple-Choice-Fragen 68
    6.6 Richtig oder Falsch? 69

Kapitel 7 Gedächtnis 71
    7.1 Verständnisfragen 72
    7.2 Multiple-Choice-Fragen 73
    7.3 Richtig oder Falsch? 75
    7.4 Antworten auf die Verständnisfragen 77
    7.5 Antworten auf die Multiple-Choice-Fragen 80
    7.6 Richtig oder Falsch? 80

Kapitel 8 Kognitive Prozesse 83
    8.1 Verständnisfragen 84
    8.2 Multiple-Choice-Fragen 85
    8.3 Richtig oder Falsch? 87
    8.4 Antworten auf die Verständnisfragen 89
    8.5 Antworten auf die Multiple-Choice-Fragen 91
    8.6 Richtig oder Falsch? 92

Kapitel 9 Intelligenz und Intelligenzdiagnostik 93
    9.1 Verständnisfragen 94
    9.2 Multiple-Choice-Fragen 95
    9.3 Richtig oder Falsch? 97
    9.4 Antworten auf die Verständnisfragen 99
    9.5 Antworten auf die Multiple-Choice-Fragen 102
    9.6 Richtig oder Falsch? 102

Kapitel 10 Entwicklung 105
    10.1 Verständnisfragen 106
    10.2 Multiple-Choice-Fragen 108
    10.3 Richtig oder Falsch? 110
    10.4 Antworten auf die Verständnisfragen 111
    10.5 Antworten auf die Multiple-Choice-Fragen 114
    10.6 Richtig oder Falsch? 115

Kapitel 11 Motivation 117
    11.1 Verständnisfragen 118
    11.2 Multiple-Choice-Fragen 119
    11.3 Richtig oder Falsch? 121
    11.4 Antworten auf die Verständnisfragen 122
    11.5 Antworten auf die Multiple-Choice-Fragen 125
    11.6 Richtig oder Falsch? 125

| Kapitel 12 | Emotionen, Stress und Gesundheit | 127 |

- 12.1 Verständnisfragen ... 128
- 12.2 Multiple-Choice-Fragen ... 129
- 12.3 Richtig oder Falsch? ... 131
- 12.4 Antworten auf die Verständnisfragen ... 133
- 12.5 Antworten auf die Multiple-Choice-Fragen ... 135
- 12.6 Richtig oder Falsch? ... 136

| Kapitel 13 | Die menschliche Persönlichkeit | 139 |

- 13.1 Verständnisfragen ... 140
- 13.2 Multiple-Choice-Fragen ... 142
- 13.3 Richtig oder Falsch? ... 144
- 13.4 Antworten auf die Verständnisfragen ... 145
- 13.5 Antworten auf die Multiple-Choice-Fragen ... 149
- 13.6 Richtig oder Falsch? ... 149

| Kapitel 14 | Psychische Störungen | 151 |

- 14.1 Verständnisfragen ... 152
- 14.2 Multiple-Choice-Fragen ... 154
- 14.3 Richtig oder Falsch? ... 157
- 14.4 Antworten auf die Verständnisfragen ... 158
- 14.5 Antworten auf die Multiple-Choice-Fragen ... 162
- 14.6 Richtig oder Falsch? ... 163

| Kapitel 15 | Psychotherapie | 165 |

- 15.1 Verständnisfragen ... 166
- 15.2 Multiple-Choice-Fragen ... 167
- 15.3 Richtig oder Falsch? ... 170
- 15.4 Antworten auf die Verständnisfragen ... 171
- 15.5 Antworten auf die Multiple-Choice-Fragen ... 174
- 15.6 Richtig oder Falsch? ... 174

| Kapitel 16 | Soziale Kognition und Beziehungen | 177 |

- 16.1 Verständnisfragen ... 178
- 16.2 Multiple-Choice-Fragen ... 179
- 16.3 Richtig oder Falsch? ... 181
- 16.4 Antworten auf die Verständnisfragen ... 183
- 16.5 Antworten auf die Multiple-Choice-Fragen ... 185
- 16.6 Richtig oder Falsch? ... 185

| Kapitel 17 | Soziale Prozesse, Gesellschaft und Kultur | 187 |

- 17.1 Verständnisfragen ... 188
- 17.2 Multiple-Choice-Fragen ... 189
- 17.3 Richtig oder Falsch? ... 191
- 17.4 Antworten auf die Verständnisfragen ... 193
- 17.5 Antworten auf die Multiple-Choice-Fragen ... 195
- 17.6 Richtig oder Falsch? ... 196

Vorwort

Das Lehrbuch „Psychologie" von Gerrig und Zimbardo erfreut sich nachhaltiger Beliebtheit quer durch alle Lesergruppen. Dies liegt sicherlich an der treffenden Auswahl psychologischer Themengebiete wie auch an der Aktualität und exzellenten Darstellung der Inhalte. Und es macht einfach Spaß, das Buch zu lesen! Über viele Jahre und Auflagen hinweg hat sich „der Zimbardo" immer wieder neu definiert. Neue Forschungsergebnisse und wichtige Anregungen aus der Kommunikation mit den Studierenden fließen ständig in das Lehrbuch ein.

„Gelesen", „verstanden (geglaubt)" und „die Inhalte zielgerecht reproduzieren" unterscheiden sich jedoch meist stark. Das nun vorliegende Übungsbuch zu Gerrig und Zimbardo ist als Tool konzipiert, um diese Lücke zu schließen.

Im Übungsbuch ist das Format der Wahl die Frageform, Lösungen (zuweilen Lösungsansätze) werden mitgeliefert. Die Fragen bestehen aus offenen Verständnisfragen, Multiple-Choice-Fragen und Richtig-Falsch-Fragen. Dem Zweck entsprechend lehnen sich alle Fragen eng an den Text des Lehrbuchs „Psychologie" der 18. deutschen Auflage an. Die Reihenfolge innerhalb einer Frageform folgt dabei weitgehend dem Textaufbau des Lehrbuchs, so dass die zugehörigen Textstellen leicht aufgefunden werden können.

Die Fragetiefe ist bewusst heterogen gewählt. Es finden sich Fragen zu einfachen Facts und Sachverhalten bis hin zu übergreifenden Transferaufgaben, die selbstständiges und kritisches Denken erfordern – in der Bandbreite etwa so, wie Fragen in Klausuren, mündlichen Prüfungen und Aufnahmeprüfungen zum Studium der Psychologie vorkommen könnten. Angestrebtes Ziel ist jedoch immer die Selbstkontrolle des eigenen Lernerfolgs.

Wir hoffen, das Übungsbuch findet einen guten Platz als ständiger Begleiter des Lehrbuchs, sei es in der Tasche auf dem Weg zur Lerngruppe oder zu Hause bei der Beschäftigung mit „Psychologie"!

Eichstätt   Ralf Graf

Psychologie als Wissenschaft

1.1	Verständnisfragen	4
1.2	Multiple-Choice-Fragen	4
1.3	Richtig oder Falsch?	7
1.4	Antworten auf die Verständnisfragen	8
1.5	Antworten auf die Multiple-Choice-Fragen	9
1.6	Richtig oder Falsch?	10

1

ÜBERBLICK

1 Psychologie als Wissenschaft

1.1 Verständnisfragen

1 Welche vier Komponenten umfasst die Definition des Begriffs „Psychologie"?

2 Welche vier Ziele sind für Psychologen in der Forschungsarbeit relevant?

3 Warum besteht oft ein enger Zusammenhang zwischen den Zielen der Erklärung und denen der Vorhersage?

4 Durch welche Variablen kann menschliches Verhalten erklärt werden?

5 Warum ist es für viele Psychologen besonders wichtig, Verhalten kontrollieren zu können?

6 Was sind die zentralen Anliegen der strukturalistischen und der funktionalistischen Herangehensweise?

7 Was versteht man unter der Methode der Introspektion und wie lauten Kritikpunkte an dieser Methode?

8 Auf welchen Dimensionen kann man zeitgenössische Ansätze zu psychologischen Untersuchungen unterscheiden?

9 Wie formulieren die psychodynamische und die behavioristische Perspektive jeweils die Faktoren, von denen menschliches Handeln bestimmt wird?

10 Welches Menschenbild liegt dem psychodynamischen, dem behavioristischen und dem humanistischen Ansatz zugrunde?

11 Welche Perspektive geht davon aus, dass Menschen aktive Wesen sind, die nach positiver Entwicklung streben?

12 Was versteht man unter der „kognitiven Wende"?

13 Was sind die Grundideen der evolutionären Perspektive und welche Kritik wird daran geübt?

14 Was ist das Ziel der kognitiven Neurowissenschaften?

15 Wie ergänzen sich die evolutionäre und die kulturvergleichende Perspektive?

16 Welches Verhältnis besteht zwischen Forschung und praktischer Anwendung?

17 In welchen beiden Tätigkeitsbereichen sind die meisten Psychologen beschäftigt?

1.2 Multiple-Choice-Fragen

1 Was zählt zu beobachtbarem Verhalten?
   a. Sprechen
   b. Lachen
   c. Denken
   d. Fühlen
   e. Laufen

2 Was zählt zu mentalen Prozessen?
   a. Phantasieren
   b. Schlussfolgern
   c. Träumen
   d. Planen
   e. Schreiben

3 Eine Alternative stellt kein Hauptziel der Psychologie als Gesundheitswissenschaft dar. Welche?
   a. Verbesserung des individuellen Wohlbefindens
   b. Messung elektrischer Gehirnaktivitäten
   c. Aufbau verbesserter Körperwahrnehmung
   d. Aufbau angemessenen Essverhaltens

4 Wer gründete in der Folge von Wilhelm Wundt eines der ersten psychologischen Labore in den USA?
   a. Hermann Ebbinghaus
   b. G. Stanley Hall
   c. Max Wertheimer
   d. Edward Titchener
   e. William James

5 Der Strukturalismus wurde kritisiert als ...
   a. mentalistisch.
   b. reduktionistisch.
   c. elementaristisch.
   d. humanistisch.

6 Welche Aussage/n trifft/treffen auf den psychodynamischen Ansatz zu?
   a. Handlungen rühren von ererbten Instinkten her.
   b. Handlungen besitzen ihren Ursprung in biologischen Trieben.
   c. Der Mensch handelt nicht immer rational.
   d. Bei psychischen Störungen und normalem Verhalten gelten die gleichen psychologischen Prinzipien.
   e. Der Hauptzweck von Handlungen besteht in der Aufrechterhaltung psychischer Spannung.

7 Kognitive Psychologen untersuchen typischerweise ...
   a. Gedächtnisfähigkeit im Laufe des Lebensalters.
   b. Sprache.
   c. Problemlösen.
   d. Durchblutungsmuster des Gehirns bei verschiedenen Aufgaben.
   e. Traumata in der frühen Kindheit.

8 Welches Menschenbild charakterisiert die humanistische Perspektive in der Psychologie?

a. Der Mensch ist instinktgetrieben.

b. Der Mensch reagiert mechanistisch.

c. Frühe Kindheitserfahrungen determinieren das Verhalten.

d. Der Mensch ist ein aktiv Handelnder.

e. Der Mensch verfügt über ein unbegrenztes Entwicklungspotenzial.

9 „Wie funktioniert Gruppendruck?" ist eine typische Frage für ...

a. Sozialpsychologen.

b. Persönlichkeitspsychologen.

c. Verhaltensanalytiker.

d. Biologische Psychologen.

e. Kognitionspsychologen.

10 In Deutschland werden in den letzten Jahren etwa wie viele Doktorgrade in der Psychologie an Frauen vergeben?

a. 10 Prozent

b. 20 Prozent

c. 50 Prozent

d. 70 Prozent

e. 85 Prozent

11 Wie haben Neo-Freudianer Freuds Theorie weiter ausgebildet?

a. Soziale Einflüsse und Interaktionen werden mit einbezogen.

b. Die gesamte Lebensspanne wird betrachtet.

c. Es werden Experimente zur Verhaltenskontrolle durchgeführt.

d. Der Weg zur Selbstverwirklichung rückt in den Mittelpunkt.

e. Untersuchungen zum Nervensystem, der Gene, des Gehirns und des endokrinen Systems werden mit einbezogen.

12 Welche Weltanschauung orientiert sich an den Interessen, Werten und der Würde insbesondere des einzelnen Menschen?

a. Behaviorismus

b. kognitive Perspektive

c. biologische Perspektive

d. Humanismus

e. psychodynamische Perspektive

13 Bei welcher Strömung ist nicht die Persönlichkeit entscheidend, sondern die Lerngeschichte des Einzelnen sowie die aktuellen Anforderungen der Umwelt?

a. Behaviorismus

b. kognitive Perspektive

c. biologische Perspektive
d. Humanismus
e. psychodynamische Perspektive

1.3 Richtig oder Falsch?

1 Psychologen versuchen, das Verhalten objektiv zu beschreiben.
　__ richtig
　__ falsch

2 Dispositionelle Variablen stellen organismische Verhaltensdeterminanten bei Mensch und Tier dar.
　__ richtig
　__ falsch

3 Die Gestaltpsychologie wandte sich gegen den Strukturalismus.
　__ richtig
　__ falsch

4 Entsprechend der behavioristischen Perspektive wird danach gesucht, wie bestimmte Umweltreize bestimmte Arten des Verhaltens kontrollieren.
　__ richtig
　__ falsch

5 Kognitionspsychologen erklären das menschliche Verhalten vorwiegend über vorangehende Umweltereignisse und frühere Verhaltenskonsequenzen.
　__ richtig
　__ falsch

6 Nach der evolutionären Perspektive sind viele Verhaltensweisen an Probleme während des Pleistozäns angepasst.
　__ richtig
　__ falsch

7 Die kulturvergleichende Perspektive lässt sich auf nahezu jeden Gegenstand psychologischer Forschung anwenden.
　__ richtig
　__ falsch

8 „Was unterscheidet den einen Menschen vom anderen?" ist eine vornehmliche Frage für Persönlichkeitspsychologen.
　__ richtig
　__ falsch

1.4 Antworten auf die Verständnisfragen

1 Psychologie ist das *wissenschaftliche* Studium des *Verhaltens* und der *geistigen* Prozesse von *Individuen*.

2 Die vier Ziele sind die Beschreibung, Erklärung, Vorhersage und Kontrolle des Verhaltens.

3 Forscher versuchen in der Regel, Verhaltensweisen durch die Identifikation zugrunde liegender Ursachen zu erklären; erfolgreiche kausale Erklärungen ermöglichen oft zutreffende Vorhersagen.

4 Zur Erklärung werden dispositionelle Variablen herangezogen, die innerhalb des Individuums zu finden sind, und situationale Variablen, welche external das Verhalten von außen beeinflussen.

5 Verhalten in Form, Stärke und Auftretenswahrscheinlichkeit zu beeinflussen ist Grundlage für psychologische Interventionsmaßnahmen.

6 Der Strukturalismus versucht, mentale Erfahrungen als Kombination grundlegender Komponenten zu verstehen. Der Funktionalismus konzentriert sich auf Ziel und Zweck von Verhaltensweisen. Des Weiteren wird die Einzigartigkeit jedes Individuums betont.

7 Bei der Introspektion sollen Individuen systematisch von ihren Gedanken und Gefühlen in Hinblick auf spezifische Wahrnehmungs- und Empfindungserlebnisse berichten. Kritik: Dies erfordert ein hohes Maß an Reflexionsvermögen und differenzierter Sprache, was bei Kindern, weniger Begabten oder Tieren nicht gegeben ist.

8 Man kann zeitgenössische Strömungen hinsichtlich Menschenbild, den Determinanten des Verhaltens, dem Hauptaugenmerk der Untersuchungen und dem bevorzugten Forschungsansatz unterscheiden.

9 Der psychodynamische Ansatz konzentriert sich auf starke, instinktive Triebe. Als Hauptzweck von Handlungen wird die Reduktion von Spannung angesehen. Die Handlungsmotive können dabei auch unbewusst sein. Der behavioristische Ansatz erklärt, wie Verhaltensweisen von ihren Folgen geformt werden.

10 Psychodynamischer Ansatz: Der Mensch ist kein rationales Wesen mit freiem Willen, sondern ein von teilweise unbewussten Motiven getriebenes Wesen; behavioristischer Ansatz: Die Umwelt wird als Ursache des Verhaltens gesehen, nicht der Mensch selbst; humanistischer Ansatz: Die Einzigartigkeit des Menschen und sein freier Wille stehen im Vordergrund.

11 Diese Sichtweise vertritt der humanistische Ansatz.

12 Die „kognitive Wende" beschreibt die Entstehung einer Strömung innerhalb der Psychologie, die die Beschränkungen des Behaviorismus überwinden wollte. Die Kognitionspsychologen begannen das menschliche Denken, Aufmerksamkeit, Erinnern und Verstehen genauer zu untersuchen – im Behaviorismus blieben diese Aspekte unbeachtet.

13 Die evolutionäre Perspektive baut auf Charles Darwins Idee der natürlichen Selektion auf. Geistige und körperliche Fähigkeiten beruhen demnach auf den spezifischen Anpassungserfordernissen der letzten Millionen Jahre. Kritisiert wird, dass evolutionäre Psychologen keine Experimente zur Untermauerung ihrer Theorien durchführen können, da sie den Gang der Evolution nicht variieren können.

14 Forscher in den kognitiven Neurowissenschaften kombinieren den kognitiven mit dem biologischen Ansatz, um die Hirnaktivitäten zu verstehen, die geistigen Prozessen, wie Gedächtnis und Sprache, zu Grunde liegen.

15 Der evolutionäre Ansatz befasst sich mit den Merkmalen, die alle Menschen als Folge der Evolution des Menschen miteinander teilen. Der kulturvergleichende Ansatz konzentriert sich auf die von Kulturen verursachten Unterschiede im Vergleich zu dem allgemeinen evolutionären Hintergrund.

16 Die Forschung ergibt neue Erkenntnisse, die die Psychologie dann auf die reale Welt anzuwenden versucht.

17 In der akademischen Welt (Universitäten) und in selbstständigen Praxen.

1.5 Antworten auf die Multiple-Choice-Fragen

1 a), b), e)

2 a), b), c), d)

3 b)

4 d)

5 a), b), c)

6 a), b), c), d)

7 a), b), c), d)

8 d), e)

9 a)

10 c)

11 a), b)

12 d)

13 a)

1.6 Richtig oder Falsch?

1 Richtig. Um Psychologie wissenschaftlich zu betreiben, müssen Beschreibungen auch den Prinzipien der wissenschaftlichen Methode genügen. Nur eine objektive Beschreibung garantiert, dass nicht persönliche Faktoren wie beispielsweise Vorurteile oder Erwartungen des Beobachters die Ergebnisse verzerren.

2 Falsch. Von dispositionellen Variablen spricht man nur im Kontext „Mensch", nicht bei Tieren.

3 Richtig. Die Gestaltpsychologie vertritt ein holistisches Menschenbild: Der Mensch ist mehr als die Summe seiner Teile. Der Strukturalismus vertritt hingegen eine konträre Auffassung: Die geistigen Erfahrungen des Menschen sind eine Kombination grundlegender Komponenten.

4 Richtig. Nach dem Behaviorismus steuern Umweltreize das Verhalten (Stimulus-Response-Theorie). Es werden Antezedensbedingungen der Umwelt, die Verhaltensreaktion selbst und die auf die Reaktion folgenden Konsequenzen untersucht.

5 Falsch. Kognitionspsychologen billigen dem Menschen aufgrund seiner Denkfähigkeit auch die Möglichkeit zu, sich Optionen und Alternativen vorzustellen. Der Mensch reagiert also nicht nur auf objektive, sondern auch auf seine eigenen, subjektiven Repräsentationen von der Welt.

6 Richtig. Die Menschen verbrachten 99 Prozent ihrer Evolution als Jäger und Sammler im Pleistozän.

7 Richtig. Die kulturvergleichende Perspektive stellt die aus anderen Strömungen gezogenen Schlüsse zu verschiedensten Themengebieten oft in Frage und trägt daher bei, Generalisierungen über menschliche Erfahrungen zu relativieren.

8 Richtig. Es gehört zu den Forschungsschwerpunkten der Persönlichkeitspsychologen, beispielsweise Tests und Theorien zu entwickeln, die die Unterschiede von Individuen erklären (Differentielle Psychologie). Weiterhin wird der Einfluss von Anlage und Umwelt auf diese Unterschiede untersucht.

Forschungsmethoden der Psychologie

2.1 Verständnisfragen 12
2.2 Multiple-Choice-Fragen 13
2.3 Richtig oder Falsch? 15
2.4 Antworten auf die Verständnisfragen 16
2.5 Antworten auf die Multiple-Choice-Fragen 19
2.6 Richtig oder Falsch? 19

2.1 Verständnisfragen

1. Was versteht man unter einer Theorie, was unter einer Hypothese?
2. Was können Forscher unternehmen, um beobachterabhängige Urteilsverzerrung zu vermeiden?
3. Definieren Sie den Begriff „konfundierende Variable" und nennen Sie zwei häufig auftretende Beispiele.
4. Warum benutzen Forscher Doppel-blind-Verfahren?
5. Wie gehen Forscher vor, um etwaige Placeboeffekte in ihren Daten zu erkennen?
6. Nennen Sie zwei mögliche Experimentaldesigns. Beschreiben Sie diese und erklären Sie den Unterschied.
7. Welche Kritikpunkte und Nachteile ergeben sich durch Forschungsmethoden, die mittels Manipulation der unabhängigen Variablen Aussagen über die abhängige Variable untersuchen?
8. Warum impliziert eine Korrelation keine Kausalität?
9. KRITISCHES DENKEN: Warum war es in der Studie, in der einjährige Kleinkinder Emotionen gegenüber Gegenständen von einem Bildschirm lernten, wichtig, dass die Kinder vorher noch keine Erfahrung mit diesen Objekten hatten?
10. Warum können Maße reliabel, aber trotzdem nicht valide sein?
11. Was sind Verhaltensmaße? Nennen Sie eine Erfassungsmethode.
12. Welche Vorteile und Nachteile haben Selbstberichtsverfahren?
13. Angenommen, ein Forscher beobachtet das Verhalten von Kindern auf einem Spielplatz. Was für eine Art von Maß wäre das?
14. Was ist eine Fallstudie?
15. Was ist der Zweck der freiwilligen Zustimmung nach Aufklärung?
16. Dürfen Versuchspersonen bezüglich des Forschungsvorhabens getäuscht werden?
17. Welchen Zweck erfüllt das Abschlussgespräch?
18. Was empfehlen Forscher hinsichtlich des Einsatzes von Tieren zu Forschungszwecken?
19. Sie möchten das typische monatliche Einkommen aller Personen in einem kleinen Seminar bestimmen. Zugegen sind Studierende mit einem Einkommen von 400 Euro, 450 Euro, 600 Euro und 680 Euro sowie der Dozent mit einem Einkommen von 5800 Euro. Welche Maße der zentralen Tendenz könnten Sie zur Bestimmung verwenden und für welches Maß entscheiden Sie sich?
20. KRITISCHES DENKEN: Warum ist es wichtig, neben einem Maß der zentralen Tendenz auch ein Maß der Variabilität zur Beschreibung des Datensatzes zu verwenden?

2.2 Multiple-Choice-Fragen

1 Welche Stufen werden (neben anderen) im psychologischen Forschungsprozess unterschieden?

a. Konzeption der Untersuchung

b. Überzeugungen

c. Allgemeinwissen

d. Hypothesenbildung

2 Die beobachterabhängige Urteilsverzerrung ist …

a. ein Fehler, der durch persönliche Motive und Erwartungen des Beobachteten entsteht.

b. eine Fähigkeit des Betrachters, persönliche Motive und Erwartungen zu vermeiden.

c. ein Fehler, der durch persönliche Motive und Erwartungen des Betrachters entsteht.

d. eine Fähigkeit des Beobachteten, persönliche Motive und Erwartungen zu vermeiden.

3 Bei der Technik des Doppel-blind-Versuchs …

a. weiß der Proband nicht, welcher Versuchsbedingung er zugeteilt ist.

b. wird der Wissenschaftsgemeinde nicht eröffnet, wie die Datenerhebung stattfand.

c. sind weder Proband noch Versuchsleiter darüber informiert, welcher Proband welcher Versuchsbedingung zugeordnet ist.

d. wissen weder der Proband noch der Versuchsleiter, noch der Datenauswerter, welcher Proband welcher Versuchsbedingung zugeteilt ist.

4 In einem Experiment wird untersucht, wie gut Versuchspersonen eine kurz zuvor gezeigte Zahlenfolge wiedergeben können. Die Hypothese lautet, dass umso mehr Fehler auftreten, je länger die Zahlenfolge ist. Wie lauten abhängige Variable (AV) und unabhängige Variable (UV)?

a. AV: Länge der Zahlenfolge; UV: Fehlerrate

b. AV: Fehlerrate; UV: Länge der Zahlenfolge

5 Within-subjects-Design bedeutet, dass …

a. derselbe Proband über alle Bedingungen verglichen wird.

b. verschiedene Probanden über alle Bedingungen verglichen werden.

c. derselbe Proband über ausgewählte Bedingungen verglichen wird.

6 In einem Experiment wird untersucht, wie sich Verkehrslärm bei der Bearbeitung von einfachen Rechenaufgaben auf Kinder im Vergleich zu Erwachsenen auswirkt. Welches Versuchsdesign liegt vor?

a. Between-subjects-Design

b. Within-subjects-Design

7 Der Korrelationskoeffizient ist ...

   a. ein statistischer Kennwert.

   b. eine statistische Variable.

8 Nach Schiefele et al. (1993) ergibt sich zwischen Interesse am Schulstoff und Leistung ein Korrelationskoeffizient von r = .30. Wie ist dieser Zusammenhang zu interpretieren?

   a. Je weniger Interesse Schüler am Lernstoff zeigen, umso bessere Leistungen erzielen sie.

   b. Je mehr Interesse Schüler am Lernstoff zeigen, umso schlechtere Leistungen erzielen sie.

   c. Je mehr Interesse Schüler am Lernstoff zeigen, umso bessere Leistungen erzielen sie.

   d. Gute Schulleistungen können durch Fleiß erklärt werden.

9 Was bedeutet Quantifizierung?

   a. Methode zur Reliabilitätssteigerung, bei der die Anzahl der Versuchspersonen erhöht wird.

   b. Verschiedenen Stufen, Größen oder Mengen einer Variablen werden Zahlenwerte zugewiesen.

   c. Es wird geschätzt, wie viele Objekte einer Population ein bestimmtes Merkmal aufweisen.

10 Die Inferenzstatistik verwendet die ...

   a. Relativitätstheorie.

   b. Wahrscheinlichkeitstheorie.

   c. Evolutionstheorie.

11 Reliabilität bezeichnet die ...

   a. Konsistenz und Verlässlichkeit von Verhaltensdaten, die sich aus experimenteller Forschung ergeben.

   b. Kontiguität und Verlässlichkeit von Verhaltensdaten, die sich aus experimenteller Forschung ergeben.

   c. Generalisierbarkeit des Ergebnisses auf allgemeinere Umstände.

12 Selbstberichte umfassen ...

   a. Fragebögen.

   b. Interviews.

   c. Umfragen.

   d. offene Fragen.

13 Die Normalverteilungskurve wird auch als ... bezeichnet.

   a. Hauß'sche Kurve

   b. Mauß'sche Kurve

   c. Gauß'sche Kurve

14 Wie heißt der gebräuchlichste Signifikanztest, bei dem der Unterschied zwischen den arithmetischen Mitteln zweier Stichproben verglichen wird?

a. x-Test

b. t-Test

c. s-Test

d. y-Test

2.3 Richtig oder Falsch?

1 Es wird davon ausgegangen, dass Verhalten und mentale Prozesse regelmäßigen Mustern von Zusammenhängen folgen.

__ richtig

__ falsch

2 Gegenmaßnahmen zur Minimierung der beobachterabhängigen Urteilsverzerrung sind die Standardisierung und operationale Definitionen.

__ richtig

__ falsch

3 Bei der Kontrollbedingung versucht man, alle Variablen und Bedingungen bis auf diejenigen, die in direktem Zusammenhang mit der zu testenden Hypothese stehen, konstant zu halten.

__ richtig

__ falsch

4 Mit Hilfe von Korrelationsmethoden wird untersucht, in welchem Ausmaß zwei Variablen, Eigenschaften oder Charakteristika einander bedingen.

__ richtig

__ falsch

5 Unterschwellige Botschaften sind effektive Maßnahmen, um Verhaltensveränderungen zu erzielen, und nicht nur auf Placeboeffekte zurückzuführen.

__ richtig

__ falsch

6 Hohe Validität bedeutet, dass die Information, die durch die Testung gewonnen wurde, die psychologische Variable, die sie wiedergeben soll, auch tatsächlich wiedergibt.

__ richtig

__ falsch

7 Es ist möglich, dass valide Daten nicht reliabel sind.

__ richtig

__ falsch

8 Verhaltensforscher verwenden nicht nur Beobachtungsverfahren, sondern greifen bei gewissen Fragestellungen auch auf Archivdaten zurück.
   _ richtig
   _ falsch

9 In einer Fallstudie wird ein bestimmter Sachverhalt bei einer Vielzahl von Probanden untersucht.
   _ richtig
   _ falsch

10 Für komplexere Daten werden zur Darstellung Balkendiagramme verwendet.
   _ richtig
   _ falsch

11 Häufigkeitsverteilungen werden erstellt, um ein klares Bild davon zu erhalten, wie unterschiedliche Werte verteilt sind.
   _ richtig
   _ falsch

12 Maße der Variabilität sind statistische Maße, welche die Verteilung von Werten um ein Maß der zentralen Tendenz beschreiben.
   _ richtig
   _ falsch

13 Die Spannweite ist ein Maß der Variabilität, das die mittlere Differenz zwischen den Werten und ihrem arithmetischen Mittel widerspiegelt.
   _ richtig
   _ falsch

2.4 Antworten auf die Verständnisfragen

1 Eine Theorie ist eine geordnete Menge von Begriffen und Aussagen, die ein Phänomen oder eine Gruppe von Phänomenen erklärt. Eine Hypothese ist eine vorläufige und überprüfbare Aussage über den Zusammenhang zwischen Ursachen und Folgen.

2 Forscher können ihre Verfahren standardisieren und operationale Definitionen ihrer Variablen geben, um Objektivität bei der Datenerhebung, der Auswertung und der Interpretation zu gewährleisten.

3 Konfundierende Variablen sind Störvariablen. Es handelt sich dabei um Einflussfaktoren, die vom Versuchsleiter nicht absichtlich in die Forschungssituation eingebracht wurden, die aber das Verhalten der Versuchspersonen verändern – was dann zu Problemen bei der Dateninterpretation führen kann. Beispiele sind Erwartungseffekte oder Placeboeffekte.

4 Forscher benutzen Doppel-blind-Verfahren, damit die Erwartungen, die sie an ein Experiment haben, dessen Ergebnis nicht beeinflussen können. Im Idealfall kann so der Erwartungseffekt, welcher als konfundierende Variable die Ergebnisse verzerren kann, vermieden werden.

5 Üblicherweise wird eine zusätzliche Versuchsbedingung hinzugefügt (Kontrollbedingung), in der keinerlei Behandlung oder Manipulation stattfindet. Der Datenvergleich von Kontrollbedingung und Experimentalbedingung ermöglicht dann fundierte Aussagen über Effekte.

6 Experimente können nach dem Between-subjects-Design oder dem Within-subjects-Design konzipiert werden. Bei einem Between-subjects-Design werden unterschiedliche Probandengruppen zufällig entweder einer Experimentalbedingung oder einer Kontrollbedingung zugewiesen. Der zu untersuchende Einfluss wird also im Vergleich „zwischen Probanden" untersucht. Bei einem Within-subjects-Design dient hingegen jeder Teilnehmer als seine eigene „Kontrollgruppe". Es wird also beobachtet, ob es „innerhalb eines Probanden" Veränderungen zwischen Experimentalbedingung und Kontrollbedingung gibt.

7 1. Da diese Methode ein hohes Maß an experimenteller Kontrolle erfordert, kann nicht die ganze Komplexität des Alltags abgebildet werden. 2. Probanden wissen in der Regel, dass sie untersucht und beobachtet werden. Dies kann dazu führen, dass sie ihr Verhalten unbewusst verändern. 3. Manche Fragen sind aus ethischen Gründen nicht durch experimentelle Forschung zu klären.

8 Der Korrelationskoeffizient gibt das Ausmaß an, in dem zwei Variablen voneinander abhängen – er gibt aber keinen Hinweis, warum diese Beziehung existiert.

9 KRITISCHES DENKEN: Frühere Erfahrungen mit dem Objekt hätten als konfundierende Variable gewirkt. Kinder könnten z.B. die negativen emotionalen Reaktionen nicht erst mittels der Präsentation, sondern bereits im früheren Umgang mit dem Objekt erlernt haben.

10 Wenn ein Maß reliabel ist, bedeutet dies, dass bei wiederholter Messung vergleichbare Werte erzielt werden. Dieser Wert muss allerdings nicht exakt die psychologische Variable widerspiegeln, nach der gesucht wird. Beispiel für Piraten: Eine Kanone, deren Schüsse wiederholt an derselben Stelle einschlagen, ist „reliabel" – ob die Schüsse auch im angedachten Ziel (= feindliches Schiff) landen, ist eine Frage der Validität.

11 Verhaltensmaße sind Mittel und Wege, um gezeigtes Verhalten und beobachtbare und registrierbare Reaktionen zu untersuchen. Die Hauptmethode stellen Beobachtungsverfahren dar, in welchen geplant und das Verhalten genau und systematisch erfasst wird.

12 Vorteile: Mit dem Selbstberichtsverfahren können Daten über nicht direkt beobachtbare Erfahrungen gesammelt werden (z.B. Überzeugungen, Einstellungen, Gefühle) oder über Verhalten, dessen Beobachtung nicht angemessen wäre (z.B. Geschlechtsverkehr, Verbrechen). Nachteile: Selbstberichtsverfahren erfordern Introspektions- und Kommunikationsfähigkeit. Außerdem können soziale Erwünschtheit, missverständliche Fragen oder fehlerhafte Erinnerungen die Ergebnisse verzerren.

13 Der Forscher ist mit der Beobachtung unter natürlichen Bedingungen des Verhaltens der Kinder beschäftigt.

14 Eine Fallstudie ist ein Forschungsprojekt, bei dem sich alle Messungen auf eine einzelne Person beziehen, d.h., es handelt sich um eine intensive Analyse einer Einzelperson.

15 Teilnehmer an Experimenten in der Forschung müssen die Gelegenheit bekommen, ihre Rechte und Verpflichtungen zu verstehen, bevor sie sich dafür entscheiden, an einem Experiment teilzunehmen.

16 Grundsätzlich dürfen Probanden nicht über Experimente getäuscht werden, die mutmaßlichen physischen Schmerz oder ernsthafte emotionale Belastungen hervorrufen. Wenn dies im geplanten Experiment nicht der Fall ist, müssen zusätzlich folgende Punkte erfüllt sein, damit die Ethikkommission das Experiment genehmigt: 1. hinreichender wissenschaftlicher Wert; 2. keine Alternativverfahren ohne Täuschung möglich; 3. Offenlegung der Täuschung am Versuchsende; 4. Untersagung der Datenverwendung möglich.

17 Bei dem Abschlussgespräch erhalten die Teilnehmer die Gelegenheit, etwas Neues über die psychologischen Phänomene zu erfahren, die Gegenstand der Studie waren. Außerdem können die Experimentatoren durch ein Abschlussgespräch sicherstellen, dass die Probanden nicht verärgert oder verwirrt den Versuchsraum verlassen. Weiterhin können Probanden (z.B. nach einer Täuschung) die Verwendung ihrer Daten untersagen.

18 Ethische Überlegungen unterstützen eine Verlagerung der Forschung hin zur Beobachtung von Tieren unter natürlichen oder quasinatürlichen Bedingungen.

19 Mögliche Maße der zentralen Tendenz sind Modalwert, Median und arithmetisches Mittel. Im vorliegenden Fall eignet sich am besten der Median. Der Modalwert ist nicht eindeutig und daher wenig aussagekräftig. Das gegen Ausreißer anfällige arithmetische Mittel verzerrt das Ergebnis einseitig nach oben.

20 Mittelwerte spielen eine dominierende Rolle bei der Verarbeitung und Reduktion von Daten. Allerdings vernachlässigt die Fokussierung auf Mittelwerte allein häufig wesentliche Aspekte der Situation – Streuungsmaße, die die Verteilung der Daten beschreiben, sind daher unabdingbar. Beispiel 1: Ein Pirat schießt zunächst einen Meter links, dann einen Meter rechts am Feind vorbei. Später erzählt er stolz: „Im Mittel ist der Gegner tot!". Beispiel 2: Angenommen, bei einer Schulleistungsstudie sind zwei Bundesländer im Mittel gleich gut. Die pädagogischen Maßnahmen werden in den beiden Ländern jedoch unterschiedlich ausfallen, wenn in Bundesland A alle Schüler durchschnittlich, in Bundesland B hingegen die Schüler entweder extrem gut oder extrem schlecht waren.

2.5 Antworten auf die Multiple-Choice-Fragen

1 a), d)

2 c)

3 c)

4 b)

5 a)

6 a)

7 a)

8 c)

9 b)

10 b)

11 a)

12 a), b), c), d)

13 c)

14 b)

2.6 Richtig oder Falsch?

1 Richtig. Wenn in der Psychologie eine Theorie aufgestellt wird, erwartet man üblicherweise von ihr, dass sie bekannte Fakten erklärt. Dies ist nur möglich mit der Grundvoraussetzung, dass Verhalten und mentale Prozesse regelmäßigen Mustern folgen und diese durch die Forschung offengelegt werden können.

2 Richtig. Standardisierung bei allen Stufen der Datengewinnung ermöglicht, dass einheitliche Verfahren verwendet werden und daher alle Versuchspersonen unter gleichen Bedingungen geprüft werden. Operationale Definitionen dienen zur Standardisierung der Bedeutung von Konzepten.

3 Richtig. Die Unterschiede in den Erfahrungen der Probanden sollen einzig und allein durch die unabhängige Variable bedingt sein.

4 Falsch. Korrelationen implizieren keine Kausalitäten. Starke Korrelationen bedeuten nur, dass beide Datenwerte in systematischer Weise zusammenhängen. Es ist keinerlei Aussage über Ursache oder Wirkung möglich.

5 Falsch. Verhaltensänderungen aufgrund unterschwelliger Botschaften sind ausschließlich auf Placeboeffekte zurückzuführen.

6 Richtig. Das Gütemaß der Validität gibt an, ob auch wirklich die zu messende Variable erfasst wurde, oder nicht.

7 Falsch. Das Gütekriterium der Validität setzt Reliabilität voraus, d.h., ohne hohe Reliabilität kann keine hohe Validität vorliegen. Beispiel für Piraten: Wenn eine Kanone stets ihr angedachtes Ziel trifft („Validität"), ist automatisch klar, dass die Kanone auch zuverlässig ist („Reliabilität"). Bei einer Kanone, deren wiederholte Schüsse nicht an derselben Stelle einschlagen, ist die Frage, ob das richtige Ziel getroffen wurde, redundant.

8 Richtig. Manche Fragestellungen verbieten aus ethischen Gründen eine experimentelle Untersuchung (z.B. kann man bei Untersuchungen zu Geschlechtsunterschieden bei Heldenhaftigkeit keine Gebäude in Brand setzen, nur um zu zählen, ob mehr Frauen oder mehr Männer hineinlaufen). Daher greifen Forscher auf Archivdaten zurück, um dennoch Aussagen zu dieser Fragestellung machen zu können.

9 Falsch. In einer Fallstudie konzentriert man sich auf die intensive Analyse einzelner Personen.

10 Falsch. Für komplexere Datensätze verwendet man häufig Histogramme. Diese Darstellungsmöglichkeit ähnelt dem Balkendiagramm, allerdings handelt es sich bei den Kategorien um Intervalle – nicht um Namen. So gewinnt man einen guten visuellen Eindruck bezüglich der Werteverteilung.

11 Richtig. Häufigkeitsverteilungen ermöglichen einen guten Überblick, wie oft jeder Wert auftritt.

12 Richtig. Das Maß der zentralen Tendenz bezeichnet den typischsten Wert eines Datensatzes. Das Maß der Variabilität gibt an, wie repräsentativ der typische Wert ist, d.h., es wird beschrieben, ob die anderen Werte des Datensatzes nah am typischen Wert liegen oder eher breit darum gestreut sind. Daher beschreibt das Maß der Variabilität die Verteilung der Werte um das Maß der zentralen Tendenz.

13 Falsch. Die Spannweite berücksichtigt nicht alle Werte in einer Verteilung, sondern nur die Extreme. Sie stellt die Differenz zwischen dem höchsten und dem niedrigsten Wert in einer Häufigkeitsverteilung dar. Die mittlere Differenz zwischen den Werten und ihrem arithmetischen Mittel beschreibt das Maß der Standardabweichung – nicht der Spannweite.

Die biologischen und evolutionären Grundlagen des Verhaltens

3.1 Verständnisfragen 22
3.2 Multiple-Choice-Fragen 23
3.3 Richtig oder Falsch? 25
3.4 Antworten auf die Verständnisfragen 27
3.5 Antworten auf die Multiple-Choice-Fragen 30
3.6 Richtig oder Falsch? 30

3 Die biologischen und evolutionären Grundlagen des Verhaltens

3.1 Verständnisfragen

1. Was versteht man unter der „Anlage-Umwelt-Debatte"?
2. Erklären Sie die zentralen Aspekte der Evolutionstheorie Darwins.
3. KRITISCHES DENKEN: Was versteht man unter „ökologischen Nischen" und worin liegt der Vorteil?
4. Auf welche Weise illustriert die Studie der Grants über Finken die Rolle der genetischen Variation im Evolutionsprozess?
5. Was versteht man unter Genotyp und Phänotyp?
6. Welche drei evolutionären Fortschritte waren entscheidend bei der Entwicklung des Menschen?
7. Worin unterscheiden sich biologische Evolution und kulturelle Evolution?
8. Was bedeutet Erblichkeit?
9. KRITISCHES DENKEN: Mit welchen Methoden untersucht man die Erblichkeit von Persönlichkeitsstrukturen? Welche Probleme ergeben sich dabei?
10. Welchem Muster folgt der Informationsfluss durch die wichtigsten Teile jedes Neurons?
11. Nennen Sie die Hauptaufgaben der Gliazellen.
12. Wie wird ein Aktionspotenzial weitergeleitet?
13. Was ist das „Alles-oder-nichts"-Gesetz?
14. Wie werden Neurotransmitter von einem Neuron in das nächste übertragen?
15. Welche chemische Substanz ist der häufigste inhibitorische Neurotransmitter im Gehirn?
16. Welche Vorteile hat fMRT gegenüber anderen bildgebenden Verfahren in der Hirnforschung?
17. Beschreiben Sie den Aufbau des Nervensystems.
18. Was sind die Hauptaufgaben des Zentralen Nervensystems und des Rückenmarks?
19. Welche Hauptfunktionen hat die Amygdala?
20. Aus welchen Strukturen besteht das limbische System und worin besteht dessen Hauptaufgabe?
21. Wie heißen die vier Hirnlappen, die sich durch Sulcus centralis und Fissura lateralis definieren lassen? Nennen Sie außerdem deren Hauptaufgaben.

22 Warum wird die Hirnanhangdrüse oft als „wichtigste aller Drüsen" bezeichnet?

23 Was ist Neurogenese?

24 KRITISCHES DENKEN: Warum haben die Experimentatoren bei der Plastizitätsstudie an adulten Ratten sowohl eine inaktive als auch eine soziale Kontrollgruppe eingesetzt?

3.2 Multiple-Choice-Fragen

1 Das menschliche Gehirn besitzt über ... Zellen.
   a. 100 Millionen
   b. 100 Milliarden
   c. 100 Billionen

2 Wie heißt Darwins wohl bekanntestes Werk?
   a. „Survival of the Fittest"
   b. „The Origin of Species"

3 Die natürliche Selektion ...
   a. weist sogar in kurzen Zeitabschnitten bemerkenswerte Effekte auf.
   b. ist ausschließlich über lange Zeitspannen hinweg zu beobachten.

4 Zum Phänotyp gehören ...
   a. äußeres Erscheinungsbild.
   b. genetische Struktur.
   c. Erbkrankheiten.
   d. Verhaltensrepertoire.

5 Chromosomen sind ...
   a. kugelartige Strukturen.
   b. gitterartige Strukturen.
   c. stäbchenartige Strukturen.

6 Wie viele Chromosomen besitzt ein Mensch?
   a. 23
   b. 46
   c. 52

7 Die Schädigung des Broca-Areals führt zu Störungen ...
   a. bei der Sprachproduktion.
   b. beim Sprachverständnis.

8 Das autonome Nervensystem reguliert ...

a. die Atmung.

b. die Motorik.

c. die Verdauung.

d. das Erregungsniveau.

9 Der Thalamus kanalisiert eintreffende sensorische Informationen und leitet sie weiter zu den entsprechenden Arealen des ...

a. Cortex.

b. Cerebellums.

c. limbischen Systems.

10 Der cerebrale Cortex ...

a. reguliert Motivation und Emotion.

b. koordiniert Bewegungen.

c. integriert sensorische Informationen.

d. beteiligt sich an autonomen Prozessen wie Atmung und Pulsfrequenz.

e. ermöglicht abstraktes Denken und Schlussfolgern.

11 Der Hippocampus spielt eine wichtige Rolle beim Erwerb von ...

a. impliziten Gedächtnisinhalten.

b. expliziten Gedächtnisinhalten.

12 Das innere Gleichgewicht des Körpers nennt man auch ...

a. Homostase.

b. Osmose.

c. Homöostase.

13 Der auditorische Cortex einer jeder Hirnhemisphäre erhält Informationen von ...

a. einem Ohr.

b. beiden Ohren.

14 Die Schaltstelle zwischen dem endokrinen System und dem zentralen Nervensystem ist ...

a. der Thalamus.

b. die Hypophyse.

c. der Hypothalamus.

15 Welche Arten von Neuronen gibt es?

a. sensorische Neuronen

b. Interneuronen

c. Funktionsneuronen

d. Motorneuronen

16 Unmittelbar nachdem ein Aktionspotenzial ein Segment des Axons passiert hat, befindet sich diese Region des Neurons in der ...

  a. Ruhephase.

  b. Aktionsphase.

  c. absoluten Refraktärphase.

  d. relativen Refraktärphase.

17 Welche chemischen Substanzen können als Neurotransmitter wirken?

  a. Fibrinogen

  b. Kohlenmonoxid

  c. Dopamin

  d. Acetylcholin

18 Das endokrine System ...

  a. ermöglicht die Kontrolle langsamer kontinuierlicher Prozesse (z.B. Blutzuckerspiegel).

  b. beeinflusst Körperwachstum, die Entwicklung von Geschlechtsmerkmalen, das Erregungsniveau und die Reaktion auf Infektionen und Krankheiten.

  c. beeinflusst die Verarbeitung von Informationen über Temperatur, Berührung, Position im Raum und Schmerz.

  d. ist für die Koordination von Körperbewegungen und das Gleichgewicht verantwortlich.

19 Endorphine sind wichtig für ...

  a. die Bewegungskontrolle.

  b. die Kontrolle von emotionalem Verhalten.

  c. die Schmerzempfindung.

3.3 Richtig oder Falsch?

1 Einer der wichtigsten Vorteile der Entstehung von Sprache ist das Übermitteln von gesammeltem Wissen von einer zur nächsten Generation.

  __ richtig

  __ falsch

2 Die Wissenschaft von den Mechanismen der Vererbung ist die Genetik.

  __ richtig

  __ falsch

3 „Variation" umschreibt die unterschiedliche Nutzung desselben Lebensraums durch verschiedene Arten.

  __ richtig

  __ falsch

4 Durch geografische Trennung können neue Arten entstehen.
___ richtig
___ falsch

5 Gene oder Umwelt allein legen fest, wer wir sind und wohin wir uns entwickeln.
___ richtig
___ falsch

6 Der parasympathische Teil des Autonomen Nervensystems erhöht unter anderem die Herzfrequenz, schüttet Adrenalin aus und vermindert die Verdauungsfunktion des Darms.
___ richtig
___ falsch

7 Der Hirnstamm ist ein charakteristisches Merkmal bei allen Wirbeltieren.
___ richtig
___ falsch

8 Oberhalb der Medulla liegt die Brücke (Pons), die ankommende Informationen in andere Strukturen des Hirnstamms und Kleinhirns leitet.
___ richtig
___ falsch

9 Das Cerebellum fungiert als „Wächter" des Gehirns: Es regt den cerebralen Cortex an, die Aufmerksamkeit auf eine neue Situation zu richten und hält das Gehirn auch während des Schlafes aufmerksam.
___ richtig
___ falsch

10 Muskeln der unteren Körperhälfte werden von Neuronen im unteren Bereich des motorischen Cortex gesteuert.
___ richtig
___ falsch

11 Bei den meisten Menschen wird die Sprache von der rechten Hemisphäre gesteuert.
___ richtig
___ falsch

12 Die analytische Arbeitsweise der linken Hemisphäre steht der holistischen Arbeitsweise der rechten Hemisphäre gegenüber.
___ richtig
___ falsch

13 Der Teil der Zelle, der ankommende Signale erhält, ist eine Anzahl von verästelten Fasern, die man „Dendriten" nennt.
___ richtig
___ falsch

14 Motorneurone leiten Botschaften von den Muskeln und Drüsen hin zum Zentralnervensystem.
   __ richtig
   __ falsch

15 In Abhängigkeit vom Rezeptormolekül hat ein Neurotransmitter einen exzitatorischen oder inhibitorischen Effekt.
   __ richtig
   __ falsch

3.4 Antworten auf die Verständnisfragen

1 Psychologen sind daran interessiert die Ursachen für Unterschiede im menschlichen Verhalten aufzudecken. Eine wichtige Dimension kausaler Erklärungen bilden dabei die Pole „genetische Veranlagung" einerseits und „Umwelteinflüsse" andererseits. Welcher der beiden Aspekte nun prägender für ein bestimmtes Merkmal (z.B. Aggressivität) wirkt, ist Gegenstand vieler Debatten.

2 Die Kernidee der Evolutionstheorie nach Darwin ist der Prozess der natürlichen Selektion. Demnach wird das Leben als beständiger Anpassungs- und Überlebenskampf gesehen – als Wettbewerb um Nahrung, Fortpflanzungspartner und Lebensraum. Die am besten angepassten Organismen haben die größten Überlebens- und Fortpflanzungschancen und können so ihre Art erhalten, was mit „survival of the fittest" umschrieben wird.

3 Unter „ökologischer Nische" versteht man eine Wechselbeziehung zwischen Organismus und Umwelt. Dabei nutzen verschiedene Arten unterschiedliche Nahrungsquellen, Fangmethoden, Aktivitätszeiten usw., was erlaubt, dass verschiedene Arten am gleichen Ort ohne Konkurrenzdruck leben können.

4 Die Grants beobachteten, dass infolge von Umweltveränderungen manchmal Finken mit großen Schnäbeln überleben und sich fortpflanzen konnten, während zu anderen Zeiten Finken mit kleinen Schnäbeln Vorteile besaßen.

5 Der Genotyp entspricht dem Erbbild eines Organismus und bildet die exakte genetische Ausstattung ab. Der Phänotyp entspricht dem Erscheinungsbild des Organismus und beschreibt beobachtbare, äußerliche Merkmale.

6 Drei entscheidende Fortschritte waren die Zweibeinigkeit, die Ausbildung des Großhirns und die Entstehung der Sprache.

7 Merkmal der biologischen Evolution ist die Weitergabe von Erbinformationen an die nächste Generation mittels der Gene. Bei der kulturellen Evolution erfolgt die Weitergabe von Wissensinformationen an die nächste Generation über Sprache.

8 Erblichkeit ist ein Maß des relativen Einflusses des Genmaterials auf die Eigenschaften und Verhaltensweisen eines Organismus.

9 KRITISCHES DENKEN: Eine Untersuchungsmethode sind Adoptionsstudien. Dabei werden Ähnlichkeiten zu den leiblichen Eltern (genetische Einflüsse) mit Ähnlichkeiten zu den Adoptiveltern (Umwelteinflüsse) verglichen. Eine weitere Methode sind Zwillingsstudien: Dabei wird verglichen, um wie viel ähnlicher sich eineiige Zwillinge im Gegensatz zu zweieiigen Zwillingen sind, was einen Rückschluss auf genetische Einflüsse ermöglicht. Außerdem ist eine Kombination der Methoden möglich, wenn z.B. Zwillinge getrennt aufwachsen. Problematisch ist die Repräsentativität der Ergebnisse, was meist zu einer Unterschätzung des Umwelteinflusses aus folgenden Gründen führt: 1. Die Unterbringung von Adoptivkindern ist hoch selektiv, daher sind sich die „unterschiedlichen" Umwelten eventuell ähnlicher als man vermuten würde. 2. Zwillinge, die getrennt aufwachsen, hatten dennoch dieselbe pränatale Umwelt. 3. Bei der Überprüfung des genetischen Einflusses kann man die Extremgruppen „0% identisches Erbgut" und „100% identisches Erbgut" gut miteinander vergleichen. Bei der Überprüfung des Umwelteinflusses ist dies hingegen nicht möglich, schließlich ist eine Extremgruppe „Kinder ohne jegliche Umweltförderung" undenkbar.

10 Im Allgemeinen empfangen die Dendriten einlaufende Signale. Das Soma verarbeitet die Informationen aus den zahlreichen Dendriten und leitet sie an das Axon weiter zu den Endknöpfchen.

11 1. Gliazellen helfen neu gebildeten Neuronen den richtigen Ort im Gehirn zu finden. 2. Gliazellen entsorgen das zelluläre Abfallmaterial von beschädigten und abgestorbenen Neuronen. 3. Gliazellen bilden bei einigen Arten von Axonen Myelinscheiden. Diese Isolierung ermöglicht eine erhöhte Übertragungsgeschwindigkeit von Nervensignalen. 4. Gliazellen bilden die Bluthirnschranke. 5. Gliazellen beeinflussen die Konzentration von Ionen, welche die Übertragung von Nervenimpulsen ermöglicht.

12 Aktionspotenziale werden durch die unterschiedliche elektrische Ladung von Ionen außerhalb und innerhalb von Axonen weitergeleitet. Im Ruhezustand ist die Flüssigkeit innerhalb des Neurons wegen der Vielzahl an Kalium-Ionen leicht negativ geladen. Wenn ein Nervenimpuls an einer bestimmten Stelle des Axons ankommt, strömen positiv geladene Natrium-Ionen durch eine Membran in die Zelle ein, was eine Depolarisation der Zelle bewirkt. Ein Dominoeffekt treibt das Aktionspotenzial das Axon entlang. Sobald der Nervenimpuls weitergeleitet wurde, strömen die überzähligen Natrium-Ionen wieder aus dem Axon heraus, um die leicht negative Ladung des Ruhepotenzials wieder herzustellen.

13 Das „Alles-oder-nichts"-Gesetz lautet, dass die Stärke des Aktionspotenzials, sobald es einmal die Schwelle zum Feuern überschritten hat, konstant ist. Dadurch wird die Größe des Aktionspotenzials über die Länge des Axons hinweg nicht verringert.

14 Neurotransmitter werden in die Synapsen freigesetzt, wenn synaptische Vesikel aufbrechen, und über den synaptischen Spalt zur postsynaptischen Membran gestreut. Die Neurotransmitter binden sich dann an passende Rezeptormoleküle des empfangenden Neurons.

3.4 Antworten auf die Verständnisfragen

15 GABA ist der häufigste inhibitorische Neurotransmitter im Gehirn. Wenn die GABA-Aktivität zu niedrig ist, d.h. wenn zu wenig neuronale Aktivität gehemmt wird, dann kommt es z.B. zu Angstzuständen.

16 fMRT ermöglicht es der Forschung, sowohl über Strukturen als auch Funktionen des Gehirns Aussagen zu machen. Forscher können damit z.B. Hirnregionen untersuchen, die für Aufmerksamkeit, Wahrnehmung, Sprachverarbeitung usw. verantwortlich sind.

17 Das Nervensystem ist unterteilt in das Zentralnervensystem (ZNS), welches aus Gehirn und Rückenmark besteht, und das Periphere Nervensystem (PNS), welches das ZNS mit Informationen aus den Sinnesrezeptoren usw. versorgt.

Das PNS ist wiederum unterteilt in das Somatische Nervensystem, das sensorische und motorische Nerven umfasst und willkürlich steuerbar ist, und das Autonome Nervensystem, welches als internes System nicht kontrolliert werden kann.

Das Autonome Nervensystem besteht aus einem sympathischen und einem parasympathischen Teil.

18 Die Aufgabe des ZNS ist die Integration und Koordination aller körperlichen Funktionen, die Verarbeitung aller eintreffenden neuronalen Informationen und die Entsendung von Befehlen an unterschiedliche Bereiche des Körpers. Das Rückenmark hingegen koordiniert die Aktivität der linken und rechten Körperseite und ist für einfache, schnelle, reflektorische Aktionen ohne Beteiligung des Gehirns verantwortlich.

19 Die Amygdala ist maßgeblich an der Emotionskontrolle und am Aufbau emotionaler Gedächtnisspuren beteiligt.

20 Das limbische System besteht aus Hippocampus, Amygdala und Hypothalamus. Hauptaufgabe ist die Vermittlung zwischen motiviertem Verhalten, emotionalen Zuständen und Gedächtnisprozessen. Außerdem werden Aspekte des Körperhaushalts (z.B. Temperatur, Blutdruck) geregelt.

21 1. Frontallappen: motorische Kontrolle, Planen, Entscheiden und Setzen von Zielen. 2. Parietallappen: Empfindung von Berührungen, Schmerz und Temperatur. 3. Okzipitallappen: visuelles Informationsverarbeitungszentrum. 4. Temporallappen: Hörzentrum.

22 Die Hypophyse produziert Hormone, die die Aktivität aller anderen endokrinen Drüsen beeinflussen.

23 Neurogenese beschreibt die Produktion neuer Gehirnzellen aus natürlichen Stammzellen.

24 KRITISCHES DENKEN: Hätte man nur die Bedingungen „komplexe Umgebung" und „inaktive Umgebung", könnten die Forscher keinen Rückschluss darauf ziehen, ob die positivere Entwicklung der Ratten in der komplexen Umgebung auf die reizangereicherte Umgebung oder das soziale Umfeld zurückzuführen ist. Daher ist eine Kontrollbedingung „soziale Umgebung" nötig. Analog ist die Notwendigkeit der Kontrollbedingung „inaktive Umgebung" gegeben.

3.5 Antworten auf die Multiple-Choice-Fragen

1 b)

2 b)

3 a)

4 a), d)

5 c)

6 b)

7 a)

8 a), c), d)

9 a)

10 b), c), e)

11 b)

12 c)

13 b)

14 c)

15 a), b), d)

16 c)

17 b), c), d)

18 a), b)

19 b), c)

3.6 Richtig oder Falsch?

1 Richtig. Einzig Sprache gibt die Möglichkeit, gesammeltes Wissen an die nächste Generation weiterzugeben, was die Grundlage kultureller Evolution darstellt.

2 Richtig. Genetik beschäftigt sich mit den Mechanismen der Vererbung, d.h., mit der Übernahme von körperlichen und psychischen Eigenschaften von unseren Vorfahren.

3 Falsch. „Variation" bedeutet, dass Individuen einer Spezies Unterschiede bezüglich Physiologie, Aussehen oder Verhalten aufweisen können.

4 Richtig. Als Reaktion auf veränderte Umweltbedingungen kann eine unterschiedliche Weiterentwicklung der Art erfolgen.

5 Falsch. Entwicklung vollzieht sich unter dem Wirken beider Einflüsse: Anlage und Umwelt. Manches wird klar durch Gene festgelegt (z.B. Geschlecht, Trisomie 21), manches klar durch Umwelteinflüsse. In den meisten Fällen herrscht jedoch eine Wechselwirkung zwischen beiden (z.B. Schulleistungen: Intelligenz und Förderung sind für das Resultat entscheidend).

6 Falsch. Die beschriebenen Aufgaben werden nicht durch den Parasympathikus, sondern durch seinen Antagonisten, den Sympathikus gesteuert. Der Parasympathikus ist nicht für „Notfallsituationen", sondern für die Überwachung von Routinefunktionen des Körpers zuständig.

7 Richtig. Der Hirnstamm enthält Strukturen, die die internen Prozesse des Körpers regeln, wie z.B. Atmung, Blutdruck und Herzschlag. Alle Wirbeltiere weisen daher einen Hirnstamm auf.

8 Richtig. Die Aufgabe der Brücke ist – wie der Name schon vermuten lässt – eine Weiterleitung ankommender Informationen.

9 Falsch. Die beschriebenen Aufgaben erfüllt die Formatio reticularis. Das Cerebellum ist hingegen für die Koordination von Körperbewegungen sowie für die Kontrolle der Haltung und des Gleichgewichts zuständig.

10 Falsch. Muskeln der unteren Körperhälfte werden von Neuronen im oberen motorischen Cortex gesteuert, Muskeln der oberen Körperhälfte werden von Neuronen im unteren motorischen Cortex koordiniert.

11 Falsch. Sprache ist bei den meisten Menschen eine linkshemisphärische Funktion.

12 Richtig. Die linke Hemisphäre verarbeitet Informationen Stück für Stück (analytisch), was wichtig bei Detailarbeit ist. Die rechte Hemisphäre hingegen verarbeitet Informationen unter Berücksichtigung globaler Muster (holistisch), was bei kreativen Problemlösungen oder Geistesblitzen erforderlich ist.

13 Richtig. Die Hauptaufgabe der Dendriten besteht darin, Erregung von Sinnesrezeptoren oder anderen Zellen zu empfangen. Die Information wird dann an den Zellkörper weitergeleitet und über Axon, Endknöpfchen und Neurotransmitter an die nächsten Dendriten übermittelt.

14 Falsch. Motorneurone überbringen zwar Informationen zwischen Zentralnervensystem und Muskeln/Drüsen, aber die angegebene Flussrichtung ist falsch: Motorneurone leiten Informationen vom Zentralnervensystem weg und hin zu den Muskeln und Drüsen.

15 Richtig. Derselbe Neurotransmitter kann an einer Synapse exzitatorisch, an einer anderen jedoch inhibitorisch wirken. Die Wirkungsart hängt vom Rezeptormolekül ab.

Sensorische Prozesse und Wahrnehmung

4

ÜBERBLICK

4.1	Verständnisfragen	34
4.2	Multiple-Choice-Fragen	35
4.3	Richtig oder Falsch?	39
4.4	Antworten auf die Verständnisfragen	40
4.5	Antworten auf die Multiple-Choice-Fragen	44
4.6	Richtig oder Falsch?	45

4 Sensorische Prozesse und Wahrnehmung

4.1 Verständnisfragen

1. Was ist Wahrnehmung?
2. In welche Stufen ist der Wahrnehmungsprozess unterteilbar? Erklären Sie diese näher.
3. Was ist ein proximaler Reiz, was ist ein distaler Reiz?
4. Was sind perzeptuelle Mehrdeutigkeiten? Nennen Sie ein Beispiel.
5. Was ist der Gegenstand der Psychophysik?
6. Was ist eine Absolutschwelle und wie lautet ihre operationale Definition?
7. Was ist sensorische Adaption und welchen Vorteil birgt dieser Mechanismus?
8. Welche zwei Prozesse tragen in der Signalentdeckungstheorie zu den Urteilen der Beobachter bei?
9. Was versteht man unter „Response Bias"?
10. Was ist eine Unterschiedsschwelle und wie wird diese operational definiert?
11. Sie backen Kuchen, sind sich aber unschlüssig, ob Ihr Meisterwerk den Ofen bereits verlassen soll oder nicht. Beschreiben Sie die möglichen Fälle im Sinne der Signalentdeckungstheorie.
12. Wie lautet das Weber'sche Gesetz?
13. Was ist Transduktion?
14. Was bedeutet im visuellen System „Akkommodation"?
15. Welche Arten von Fotorezeptoren gibt es im visuellen System und worauf sind sie jeweils spezialisiert?
16. Welche Stimulationsmuster lassen komplexe Zellen reagieren?
17. Beschreiben Sie die Bahnen, auf welchen die neuronalen Botschaften einer Retina an die beiden visuellen Zentren jeder Gehirnhemisphäre transportiert werden.
18. Welche Theorie des Farbensehens erklärt, warum man ein blaues Nachbild sieht, wenn man auf einen gelben Fleck geblickt hat?
19. KRITISCHES DENKEN: Betrachten Sie Abbildung 4.14. Warum benutzten die Forscher so viele verschiedene Arten der Abbildungen von Körperteilen?
20. Erklären Sie die drei psychischen Dimensionen des Schalls.
21. Welche Rolle spielen Haarzellen im Gehörapparat?
22. Welche Arten von Beeinträchtigungen des Hörvermögens kennen Sie und wodurch sind diese bedingt?
23. Welche Erklärungsmöglichkeiten zur Umwandlung von Schallwellen in Tonhöhenempfindungen gibt es? Nennen Sie den Frequenzbereich, den diese Theorien abdecken.

24 Was versteht man unter „Phasenkopplung" und in welchem Kontext wird dieser Begriff verwendet?

25 Welche Art von Zeitdifferenz würden Sie erwarten, wenn ein Ton von Ihrer rechten Seite her käme?

26 Welche wichtige Gehirnstruktur ist am Geruchssinn beteiligt?

27 Auf welche grundlegenden Geschmacksrichtungen reagieren die Geschmacksknospen?

28 Welchem Zweck dient der Gleichgewichtssinn?

29 Beschreiben Sie die Filter-Kontroll-Theorie.

30 Was versteht man unter reizinduzierter Vereinnahmung? Nennen Sie ein Beispiel.

31 Erklären Sie kurz die fünf Prinzipien der Wahrnehmungsgruppierung.

32 Auf welchen Informationsquellen beruht die Interpretation der räumlichen Tiefe?

33 Wie funktioniert Konvergenz als Tiefenkriterium?

34 Was versteht man unter Wahrnehmungskonstanz?

35 Was ist Formkonstanz?

36 KRITISCHES DENKEN: Warum ist die Leistung der Probanden im Experiment zur Wechselblindheit am besten, wenn sich die Anordnung der Gegenstände ändert?

37 Erklären Sie den Unterschied zwischen Bottom-up- und Top-down-Verarbeitung.

38 Welches Verhältnis besteht zwischen Kontext und Erwartungen?

39 Was ist ein Set und welche Formen von Sets werden unterschieden?

4.2 Multiple-Choice-Fragen

1 Ein proximaler Reiz ist ...
   a. zweidimensional.
   b. dreidimensional.
   c. dem Organismus als neuronales Muster verfügbar.
   d. durch einen distalen Reiz ersetzbar.

2 Welche Aussagen zur Wahrnehmung sind zutreffend?
   a. Der distale Reiz wird aus Informationen des proximalen Reizes abgeleitet.
   b. Es gibt die Tendenz, Mehrdeutigkeiten und Unsicherheiten über die Umgebung in eine eindeutige Interpretation zu überführen.
   c. Nach der Identifikation des Reizes erfolgt die perzeptuelle Organisation.
   d. Die perzeptuelle Instabilität ermöglicht die Überführung zwischen distalen und proximalen Reizen.

3 Welche Aussage ist falsch? Die Absolutschwelle ...

a. ist das Minimum an physikalischer Energie, das eben noch eine sensorische Erfahrung hervorruft.

b. bzw. die Ergebnisse einer Untersuchung zur Absolutschwelle können in einer psychometrischen Funktion zusammengefasst werden.

c. gilt als jene Reizintensität, bei der ein sensorisches Signal bei der Hälfte der Darbietungen erkannt wird.

d. liegt bei Licht für das Erkennen eines Kerzenlichts in einer klaren Nacht bei 30 km.

4 Die Signalentdeckungstheorie (SET) ...

a. ist ein systematischer Ansatz zum Problem des "Reponse Bias".

b. identifiziert zwei Prozesse der sensorischen Entdeckung: einen sensorischen Prozess und einen Entscheidungsprozess.

c. lässt sich mit einem grundlegenden Versuchsdesign mit jeweils 50% Versuchsdurchgängen mit, bzw. ohne Reiz untersuchen.

d. lässt die Erstellung einer Ergebnismatrix mit Treffern (Hits), Auslassungen (Misses), falschen Alarmen (False Alarms) und korrekten Zurückweisungen (Correct Rejections) zu.

e. geht von einer einzigen Absolutschwelle aus.

f. betont den Prozess der Entscheidung über das Vorhandensein oder Nichtvorhandensein eines Reizereignisses.

5 Welche Aussage trifft im Bezug auf Akkommodation nicht zu?

a. Akkommodation wird durch Ziliarmuskeln beeinflusst.

b. Bei Kurzsichtigen ist der Bereich der Akkommodation näher zum eigenen Körper hin verschoben.

c. Ab einem Alter von 45 Jahren verschiebt sich der Nahpunkt zum Körper hin.

d. Weitsichtige können nahe Objekte schlechter fokussieren.

6 Die Retina ...

a. enthält 120 Mio. Stäbchen.

b. wandelt Nervensignale in Lichtwellen um.

c. enthält 1,7 Mio. Zapfen.

d. besitzt Bipolarzellen, welche die Impulse vieler Ganglienzellen integrieren.

7 Welche Zellen gehören *nicht* der Retina an?

a. Bipolarzellen

b. Ganglienzellen

c. Vertikalzellen

d. Amakrinzellen

e. Horizontalzellen

4.2 Multiple-Choice-Fragen

8 Welche Aussage/n zum visuellen System ist/sind zutreffend?
   a. Im Blinden Fleck befinden sich weder Stäbchen noch Zapfen.
   b. In der Fovea sind nahezu ausschließlich Stäbchen.
   c. Blaues Licht entspricht einer Wellenlänge von etwa 600 Nanometer.
   d. Im menschlichen Auge lassen sich drei Arten von Zapfen nachweisen.
   e. Zapfen sind vorwiegend für das Farbensehen konzipiert.

9 Farbenblindheit ...
   a. bezeichnet die teilweise oder komplette Unfähigkeit, Farben zu unterscheiden.
   b. wird über das X-Chromosom vererbt.
   c. ist am verbreitetsten in Form der Gelb-Blau-Blindheit.
   d. tritt bei 4% der weißen Männer und 0,5% der weißen Frauen auf.

10 Die Dreifarbentheorie ...
   a. führt Farbempfindungen auf drei, jeweils aus Gegensatzpaaren bestehende Systeme zurück: rot-grün, blau-gelb, schwarz-weiß.
   b. postuliert drei Arten von Farbrezeptoren: rot, grün, blau.
   c. wurde von Ewald Hering entwickelt.
   d. wurde von Sir Thomas Young und Hermann von Helmholtz entwickelt.

11 Menschen hören in einem Bereich von ...
   a. 50 Hz bis 21.000 Hz.
   b. 150 Hz bis 17.500 Hz.
   c. 20 Hz bis 20.000 Hz.
   d. 10 Hz bis 14.500 Hz.

12 Welche chronologische Reihenfolge der Schallwanderung von außen nach innen ist richtig (enthält nicht alle Bestandteile, die vom Schall durchwandert werden)?
   a. Trommelfell, Basilarmembran, Hörnerv, Nucleus cochlearis, auditiver Cortex
   b. Trommelfell, Basilarmembran, Hörnerv, Haarzellen, auditiver Cortex
   c. Trommelfell, Basilarmembran, Nucleus cochlearis, Hörnerv, auditiver Cortex
   d. Trommelfell, Haarzellen, Nucleus cochlearis, Hörnerv, auditiver Cortex

13 Welche Mechanismen dienen zur Schalllokalisierung?
   a. Bewertung des Kodierungsorts in der Basilarmembran
   b. Bewertung der Wellenlänge des Schalls
   c. Bewertung des Zeitabstandes der eintreffenden Schalle
   d. Bewertung der unterschiedlichen Lautstärke der eintreffenden Schalle

14 Welche Theorie postuliert, dass die Wahrnehmung der Tonhöhe davon abhängt, an welcher Stelle der Basilarmembran die stärkste Stimulation erfolgt?
   a. Ortstheorie
   b. Zeittheorie

4 Sensorische Prozesse und Wahrnehmung

15 Welche Aussagen zum Geschmackssinn sind zutreffend?

a. Die Oberfläche der Zunge ist mit Papillen bedeckt.

b. Es gibt ein Transduktionssystem, das von allen Geschmacksklassen gemeinsam genutzt wird.

c. Das Geschmackssystem ist eines der empfindlichsten Systeme gegenüber Beschädigung.

16 Der Gleichgewichtssinn ...

a. erhält Informationen über die Beschleunigung und Verzögerung entlang der Sagittalachse von den Bogengängen.

b. erhält Informationen über Bewegung in jeder Richtung von Sacculus und Utriculus.

c. kann, wenn seine Informationen den Signalen des visuellen Systems widersprechen, zu Reisefieber führen.

d. erhält Informationen über Beschleunigung und Verzögerung entlang der Sagittalachse von Sacculus und Utriculus.

17 Welcher Begriff hat nichts mit Schmerz zu tun?

a. Neuromatrixtheorie

b. Ortstheorie

c. Filter-Kontroll-Theorie

d. Phantomschmerz

18 Welche der folgenden Tiefenkriterien sind monokular?

a. retinale Querdisparation

b. Konvergenz

c. Interposition

d. Größe-Entfernungs-Relation

19 Was zählt *nicht* zu den Tiefenkriterien der visuellen Wahrnehmung

a. Texturgradienten

b. Konvergenz der Augäpfel

c. Bewegungsinduktion durch stroboskopische Darstellung

20 Welche Aspekte beinhaltet das Phänomen der Wahrnehmungskonstanz?

a. Formkonstanz

b. Helligkeitskonstanz

c. Größenkonstanz

d. Bewegungskonstanz

21 Mentale Sets …

  a. erhöhen die Bereitschaft, bestimmte Reize in einem gegebenen Kontext zu entdecken.

  b. erhöhen die Bereitschaft, mit Problemlöseaufgaben so umzugehen, wie Erwartungen oder Gewohnheiten es nahe legen.

  c. können die Lösung von Problemen auch behindern.

4.3 Richtig oder Falsch?

1 Die Erschließung des distalen Reizes aus dem proximalen Reiz läuft aufgrund des hohen Automatisierungsgrades fehlerfrei.
  __ richtig
  __ falsch

2 Absolutschwellen sind eindeutig festlegbar.
  __ richtig
  __ falsch

3 Die Intensität zweier Lichtpunkte ist besser unterscheidbar als die Konzentration zweier Gerüche (Weber'sche Konstanten: k (Lichtintensität) = 0,01; k (Geruchskonzentration) = 0,07).
  __ richtig
  __ falsch

4 Sensorische Adaptation erhöht die Reaktionsbereitschaft des sensorischen Systems bei länger andauerndem Reizinput.
  __ richtig
  __ falsch

5 Zapfen arbeiten am besten tagsüber, wenn es hell und farbdurchflutet ist.
  __ richtig
  __ falsch

6 Während des Prozesses der Dunkeladaption werden die Zapfen allmählich empfindlicher als die Stäbchen.
  __ richtig
  __ falsch

7 Die Axone der inneren Hälfte jedes Auges kreuzen im optischen Chiasma zur anderen Cortexhälfte.
  __ richtig
  __ falsch

8 Der Farbeindruck kann auf drei grundlegenden Dimensionen beschrieben werden: Farbwert, Sättigung und Helligkeit.

_ richtig

_ falsch

9 Bei subtraktiver Farbmischung ergibt sich die wahrgenommene Farbe aus der Kombination der Wellenlängen verschiedener Farben.

_ richtig

_ falsch

10 Es gibt Zapfen, die spezifisch bei den Wellenlängen 435 nm, 535 nm und 570 nm reagieren.

_ richtig

_ falsch

11 Die Temperaturwahrnehmung erfolgt mittels Rezeptorzellen, deren Funktionsweise einem Thermometer gleicht.

_ richtig

_ falsch

12 Merkel-Zellen reagieren am stärksten, wenn etwas über die Haut streicht.

_ richtig

_ falsch

13 Retinale Querdisparation beschreibt die Verschiebung der horizontalen Positionen korrespondierender Bilder in beiden Augen und liefert so Tiefeninformation.

_ richtig

_ falsch

4.4 Antworten auf die Verständnisfragen

1 Unter „Wahrnehmung" versteht man im weitesten Sinne den Prozess, Objekte und Ereignisse in der Umwelt zu begreifen, d.h., sie mit den Sinnen zu empfinden, zu verstehen, zu identifizieren, zu klassifizieren und sich darauf vorzubereiten, auf sie zu reagieren.

2 Der Wahrnehmungsprozess ist in drei Stufen unterteilbar: 1. Empfindung. Zunächst werden aufgrund von Umgebungsstimuli in den Sinnesrezeptoren neuronale Impulse erzeugt. 2. Perzeptuelle Organisation. Auf dieser Stufe werden interne Repräsentationen eines Objekts gebildet und dann zu einem Perzept des externen Reizes aufgebaut. 3. Identifikation und Wiedererkennen. Dem Perzept wird Bedeutung zugewiesen, indem auf höhere kognitive Prozesse, wie z.B. Erinnerungen, Theorien, Wertesysteme usw. zurückgegriffen wird.

3 Der proximale Stimulus ist das optische Abbild auf der Retina. Der distale Reiz beschreibt das physikalische Objekt in der Welt.

4.4 Antworten auf die Verständnisfragen

4 Ein Stimulus ist mehrdeutig, wenn das gleiche Abbild auf sensorischer Ebene verschiedene Interpretationen auf der Wahrnehmungs- und Identifikationsebene erfahren kann. Ein Beispiel für Mehrdeutigkeit auf der Stufe der perzeptuellen Organisation ist der Necker-Würfel, auf der Stufe des Wiedererkennens ist z.B. die Ente/Kaninchen-Figur zu nennen.

5 Psychophysik ist das Studium der Beziehung zwischen physikalischen Stimuli und ihrer psychischen Erfahrung.

6 Als Absolutschwelle der Stimulation bezeichnet man das Minimum an physikalischer Energie, die eben noch eine sensorische Wahrnehmung hervorruft. Weil ein Reiz nicht plötzlich ab einer bestimmten Intensität immer klar erkennbar ist, greift man auf eine operationale Definition zurück. Hierbei ist die Absolutschwelle als jene Reizintensität definiert, bei der in der Hälfte der Fälle ein sensorisches Signal entdeckt wird.

7 Sensorische Adaption vermindert die Reaktionsbereitschaft des sensorischen Systems bei länger andauernden, gleichbleibenden Zuständen. Dies ermöglicht eine höhere Reaktionsbereitschaft auf Veränderungen, wodurch neue Informationsquellen schneller bemerkt und auf sie reagiert werden kann.

8 Urteile werden sowohl von sensorischen Prozessen als auch von einem Response Bias des Beobachters beeinflusst. Die sensorischen Prozesse spiegeln dabei die Sensitivität des Probanden für einen Reiz wider, der Response Bias beschreibt den Entscheidungsprozess des Probanden.

9 Beim Response Bias (Reaktionsverzerrung) handelt es sich um systematische Tendenzen der Probanden, in einer ganz bestimmten Art und Weise zu reagieren, die nichts mit den sensorischen Merkmalen der Reize zu tun hat. So gibt es z.B. Probanden, die sich im Zweifelsfall stets eher für „Ja" entscheiden, andere hingegen eher für „Nein".

10 Eine Unterschiedsschwelle ist der kleinste physikalische Unterschied, der zwischen zwei Stimuli beobachtet werden kann. Operational definiert wird die Unterschiedsschwelle als Punkt, an dem die Reize in der Hälfte der Fälle als unterschiedlich beurteilt werden. Der Wert an dieser Stelle wird als EMU (eben merklicher Unterschied) bezeichnet.

11 1. Treffer. Der perfekte Kuchen wird als solcher erkannt und aus dem Backrohr geholt. Guten Appetit! 2. Auslassung. Obwohl der Kuchen bereits fertig ist, entschließen Sie, sich diesen im Rohr zu belassen. Rauchentwicklung. 3. Falscher Alarm. Die noch breiige Teigmasse wird viel zu früh aus dem Rohr geholt. Mülltonne. 4. Korrekte Ablehnung. Der Kuchenbrei wird als solcher identifiziert und weiter gebacken. Eieruhr neu stellen.

12 Die Formel des Weber'schen Gesetzes lautet: $\Delta I / I = k$. Der eben merkliche Unterschied (EMU) zwischen zwei Reizen steht also in einem konstanten Verhältnis zur Intensität des Referenzreizes: Je größer der Referenzreiz ist, umso größer muss der Zuwachs beim Vergleichsreiz sein, um einen bemerkbaren Unterschied darzustellen.

13 Transduktion ist die Umwandlung einer Form physikalischer Energie in eine andere.

14 Akkommodation ist der Vorgang, bei dem die Dicke der Linse sich so verändert, dass entweder nahe oder ferne Objekte scharf gesehen werden.

15 In der Retina gibt es Stäbchen und Zapfen. Stäbchen arbeiten am besten bei schwachem Licht, Zapfen sind hingegen auf den hellen und farbdurchfluteten Tag spezialisiert.

16 Komplexe Zellen reagieren auf Streifen in bestimmten Ausrichtungen, die sich aber zusätzlich bewegen müssen.

17 Zunächst wird die neuronale Botschaft durch Millionen Axone der Ganglienzellen, welche die beiden Sehnerven bilden, zum optischen Chiasma transportiert. In diesem Kreuzungspunkt teilen sich die Axone der Sehnerven beider Augen jeweils in zwei Bündel – die inneren Bündel überkreuzen sich, die äußeren Bündel verbleiben in der ursprünglichen Körperhälfte. Die beiden neuen Faserbündel, die nun aus Axonen beider Augen bestehen, werden als „optischer Trakt" bezeichnet und leiten die Informationen an die Zellverbände im Gehirn.

18 Diese Erfahrung wird durch die Gegenfarbentheorie erklärt. Farben erzeugen Nachbilder in der Komplementärfarbe, weil ein Element des Systems durch Überstimulation ermüdet und dadurch der relative Beitrag des gegensätzlichen Elements vergrößert wird.

19 KRITISCHES DENKEN: Es werden unterschiedliche Darstellungsarten von Körperteilen genutzt, um sicherzustellen, dass die Unterschiede in den fMRT-Bildern wirklich auf die unterschiedlichen Verarbeitungszentren im Gehirn zurückzuführen sind – und nicht auf die Darstellungsart (z.B. Farbe, Genauigkeit).

20 Durch die physikalischen Eigenschaften Frequenz und Amplitude werden drei psychische Dimensionen des Schalls bestimmt: 1. Tonhöhe. Sie wird durch die Schallfrequenz bestimmt. Hohe Frequenzen erzeugen hohe Töne, niedrige Frequenzen tiefe Töne. 2. Lautheit. Die Lautheit oder Schallintensität ist abhängig von der Amplitude. Große Amplituden werden als laut, kleine Amplituden als leise empfunden. 3. Klangfarbe. Sie spiegelt die Zusammensetzung der komplexen Schallwelle wider. Reine Töne bestehen aus einer einzigen Sinuswelle, komplexere Töne setzen sich aus mehreren Sinuswellen zusammen.

21 Haarzellen wandeln die mechanischen Vibrationen der Basilarmembran in Nervenimpulse um.

22 Man unterscheidet zwei grundlegende Arten von Beeinträchtigungen: 1. Leitungsverlust. Hierbei funktionieren die Knöchelchen des Mittelohrs nicht einwandfrei, was die Weiterleitung der Luftschwingungen an die Cochlea behindert. 2. Sensorisch-neuronaler Verlust. Er ist durch Defizite in den neuronalen Mechanismen bedingt, welche die Nervenimpulse im Ohr generieren oder an den auditiven Cortex weitergeben.

4.4 Antworten auf die Verständnisfragen

23 Die Ortstheorie nimmt an, dass die Tonhöhenwahrnehmung an den spezifischen Ort der Basilarmembran gebunden ist, an dem die stärkste Stimulation erfolgt. Diese Theorie eignet sich insbesondere für Frequenzen oberhalb von 1000 Hz. Die Zeittheorie erklärt die Tonhöhenwahrnehmung durch die Schwingungsrate der Basilarmembran pro Zeiteinheit. Unter Einbeziehung der Phasenkopplung ist diese Theorie für Frequenzen bis zu 5000 Hz geeignet.

24 „Phasenkopplung" ist ein wichtiger Begriff im Zusammenhang mit der Zeittheorie der Tonhöhenwahrnehmung. Das Problem dieser Theorie besteht darin, dass die Feuerungsrate eines Neurons nicht hoch genug ist, um Schalle mit hohen Frequenzen kodieren zu können. Die Beschränkung von 1000 Hz kann aber mittels der Phasenkopplung überwunden werden, indem ein Neuron in die „Lücke" eines anderen Neurons feuert. So sind auch Kodierungen von Stimuli bis zu 5000 Hz möglich.

25 Der Ton sollte das rechte Ohr vor dem linken erreichen.

26 Nervenimpulse übertragen Geruchsinformationen zum Bulbus olfactorius im Gehirn.

27 Die Grundgeschmacksrichtungen sind süß, sauer, bitter, salzig und umami.

28 Der Vestibulärsinn liefert Informationen über die Raumorientierung des Körpers in Bezug auf die Schwerkraft.

29 Die Filter-Kontroll-Theorie versucht zu erklären, wie Schmerzempfindungen durch den psychologischen Kontext beeinflusst werden. Der Theorie zufolge wirken bestimmte Zellen im Rückenmark wie neurologische Filter, die bestimmte Schmerzsignale blockieren, wohingegen sie andere auf ihrem Weg zum Gehirn passieren lassen.

30 Reizinduzierte Vereinnahmung tritt auf, wenn Merkmale von Reizen automatisch und unabhängig von unseren eigenen Zielen des Wahrnehmens Aufmerksamkeit auf sich ziehen. Dies lässt den Schluss zu, dass unser Wahrnehmungssystem so organisiert ist, Aufmerksamkeit automatisch auf neue Objekte in der Umgebung zu lenken. So kann etwa der plötzliche Wechsel der Ampel von rotem zu grünem Licht Aufmerksamkeit einfangen, auch wenn man nicht speziell darauf fokussiert war.

31 1. Gesetz der Nähe. Einander nahe gelegene Objekte werden als Gruppe wahrgenommen. 2. Gesetz der Ähnlichkeit. Elemente, welche einander sehr ähnlich sind, werden gruppiert. 3. Gesetz der guten Fortsetzung. Linien werden als durchgehend gesehen, auch wenn sie unterbrochen sind. 4. Gesetz der Geschlossenheit. Um das Objekt als Ganzes sehen zu können, werden kleine Lücken aufgefüllt. 5. Gesetz des gemeinsamen Schicksals. Objekte, die sich in dieselbe Richtung bewegen, werden als Gruppe betrachtet.

32 Die Interpretation der räumlichen Tiefe beruht auf binokularen, bewegungsinduzierten und monokularen Tiefenkriterien.

33 Der Konvergenzwinkel ist größer, wenn ein Objekt näher ist. Das Gehirn nutzt die Informationen der Augenmuskeln, um Konvergenz als Tiefenkriterium einzusetzen.

34 Obwohl sich mit jeder Bewegung des Kopfes das retinale Abbild eines Objekts verändert, betrachten wir die Welt dennoch als invariat, konstant und stabil. Dieses Phänomen wird als „Wahrnehmungskonstanz" bezeichnet.

35 Formkonstanz ist die Fähigkeit, die wahre Form eines Objekts wahrzunehmen, auch wenn sich die Form des Abbilds auf der Retina ändert.

36 KRITISCHES DENKEN: Unser visuelles Gedächtnis speichert keine sehr präzisen Details bei jeder einzelnen Fixation ab. Daher bleiben Vertauschungen oder Identitätswechsel häufig unbemerkt. Die grobe, räumliche Anordnung der Gegenstände (links, rechts, oben, unten) können wir uns hingegen leicht einprägen, weswegen Veränderungen in der Anordnung nahezu immer auffallen.

37 Bei der Bottom-up-Verarbeitung (auch: datengesteuerte Verarbeitung) liegt der Ausgangspunkt für die Identifikation eines Objekts in der sensorischen Evidenz, d.h., die konkrete Umwelt ist entscheidend für den Identifikationsprozess. Bei der Top-down-Verarbeitung (auch: hypothesengesteuerte Verarbeitung) prägen hingegen Erwartungen, Erfahrungen, Wissen oder Motive (also höhere mentale Prozesse) das Verständnis des Objekts.

38 In unterschiedlichen Kontexten hegt man unterschiedliche Erwartungen, was man wahrscheinlich sehen, oder hören wird.

39 Ein Set ist eine zeitweilige Bereitschaft, einen Stimulus auf eine bestimmte Weise wahrzunehmen oder in einer bestimmten Weise darauf zu reagieren. Dabei können motorische, mentale und perzeptuelle Sets unterschieden werden.

4.5 Antworten auf die Multiple-Choice-Fragen

1 a), c)

2 a), b)

3 a)

4 a), b), c), d), f)

5 c)

6 a)

7 c)

8 a), d), e)

9 a), b)

10 b), d)

11 c)

12 a)

13 c), d)

14 a)

15 a)

16 d)

17 b)

18 c), d)

19 c)

20 a), b), c)

21 b), c)

4.6 Richtig oder Falsch?

1 Falsch. Im Allgemeinen erfolgt die Übersetzung des proximalen Reizes in den distalen Reiz ohne Probleme – allerdings lassen Wahrnehmungstäuschungen erkennen, dass die Wahrnehmungssysteme nicht fehlerfrei arbeiten.

2 Falsch. Wenn Absolutschwellen eindeutig festlegbar wären, würde man einen sprunghaften Übergang der Erkennungsrate von 0 auf 100% genau da erwarten, wo die Reizintensität die Schwelle erreicht. Dies ist allerdings nicht so, weil Probanden selbst Veränderungen unterliegen und manchmal auch in Abwesenheit des Reizes reagieren.

3 Richtig. Je kleiner die Werte der Weber'schen Konstante sind, umso kleinere Unterschiede können entdeckt werden.

4 Falsch. Sensorische Adaptation senkt die Reaktionsbereitschaft des sensorischen Systems bei gleichbleibenden Zuständen, damit das System sensibel auf Veränderungen reagieren kann. Dies ermöglicht ein schnelles Bemerken und Reagieren auf neue Informationsquellen.

5 Richtig. Zapfen sind auf das Farbensehen spezialisiert.

6 Falsch. Stäbchen sind auf schwaches Licht spezialisiert. Daher werden bei der Dunkeladaption die Stäbchen allmählich empfindlicher als die Zapfen.

7 Richtig. Die Axone der Sehnerven teilen sich im optischen Chiasma in zwei Bündel – die inneren Bündel überkreuzen sich zur jeweils anderen Cortexhälfte, die äußeren Bündel verbleiben in der ursprünglichen Hälfte.

8 Richtig. Die Dimension „Farbwert" erfasst den qualitativen Farbeindruck von Licht, die Dimension „Sättigung" erfasst Reinheit und Klarheit und die Dimension „Helligkeit" erfasst die Lichtintensität.

9 Falsch. Bei der subtraktiven Farbmischung ergibt sich die wahrgenommene Farbe aus den reflektierten Wellenlängen der Einzelfarben.

10 Richtig. Da Licht mit den Wellenlängen 435 nm, 525 nm und 570 nm blauem, grünem und rotem Licht entspricht.

11 Falsch. Es gibt unterschiedliche Rezeptoren für Wärme- und Kälteempfinden, d.h., das Gehirn verarbeitet die Signale der Wärme- und Kältefasern getrennt, um Änderungen in der Umgebungstemperatur anzeigen zu können.

12 Falsch. Merkel-Zellen reagieren am intensivsten, wenn ein kleines Objekt gleichmäßigen Druck auf die Haut ausübt.

13 Richtig. Retinale Querdisparation liefert Tiefeninformationen, weil das Ausmaß an Disparität von der relativen Distanz von Objekten zum Betrachter abhängt.

Bewusstsein und Bewusstseinsveränderungen

5

5.1	Verständnisfragen	48
5.2	Multiple-Choice-Fragen	49
5.3	Richtig oder Falsch?	51
5.4	Antworten auf die Verständnisfragen	52
5.5	Antworten auf die Multiple-Choice-Fragen	55
5.6	Richtig oder Falsch?	55

ÜBERBLICK

5.1 Verständnisfragen

1. Welche Bewusstseinstypen kennen Sie? Erklären Sie diese näher.
2. Auf welche Weise werden laut Freud Informationen ins Unbewusste verdrängt?
3. Warum kann Verdrängtes nach Freud dennoch das Verhalten beeinflussen?
4. Wie gehen Forscher bei der Methode des lauten Denkens vor?
5. KRITISCHES DENKEN: Denken Sie an das Experiment zum Wohlbefinden. Warum ist es wichtig, Erlebnisstichproben nach dem Zufallsprinzip zu erheben?
6. Welche Funktionen erfüllt das Bewusstsein? Beschreiben Sie diese.
7. Was versteht man unter einer kulturellen Konstruktion der Realität?
8. Wie funktioniert die SLIP-Methode und warum liefert sie Informationen über die Funktionen des Bewusstseins?
9. Warum haben wir Jetlags?
10. Wie verändert sich das Gleichgewicht von NREM- und REM-Schlafphasen während der Nacht?
11. Welche Funktionen kann der NREM-Schlaf erfüllen, welche der REM-Schlaf?
12. Wie verändert sich das Schlafmuster im Verlauf der Lebensspanne?
13. Beschreiben Sie die Symptome der Schlafapnoe.
14. Schildern Sie die Grundidee der Freud'schen Traumanalyse. Gehen Sie dabei auf latente und manifeste Trauminhalte ein.
15. KRITISCHES DENKEN: Denken Sie an die Studie, die den Einfluss neuer Lernaufgaben auf den REM-Schlaf dokumentierte. Warum war es wichtig, eine Kontrollgruppe zu haben?
16. Was ist das Hauptziel des luziden Träumens?
17. Was ist Hypnose?
18. Was ist Hypnotisierbarkeit? Was sagt die Forschung über deren genetischen Faktoren aus?
19. Welche zwei Arten von Meditation gibt es?
20. KRITISCHES DENKEN: Warum war es in der Studie zur Dicke des Cortex bei Meditierenden und Nichtmeditierenden wichtig zu zeigen, dass der Cortex im Vergleich beider Gruppen nicht jeweils in allen Hirnarealen unterschiedlich dick war?
21. Wie wirken psychoaktive Substanzen und welche kennen Sie?
22. Wie definiert man Drogentoleranz?
23. Warum ist es so schwirig, mit dem Rauchen aufzuhören?

5.2 Multiple-Choice-Fragen

1 Was hat üblicherweise keinen Zugang zum Bewusstsein?

a. Prozesse ohne bewusste Kontrolle

b. Aktivitäten, auf die wir unsere Aufmerksamkeit richten, wie z.B. Gedanken

c. das Unbewusste

2 Welche Funktionen erfüllt das Bewusstsein?

a. restriktive Funktion

b. selektive Speicherfunktion

c. Interpretationsfunktion

d. Planungsfunktion

3 Welche Periodizität weist der zirkadiane Rhythmus ohne Korrektur von externen Zeitmarkern auf?

a. 23,43 Stunden

b. 24,00 Stunden

c. 24,18 Stunden

d. 22,74 Stunden

4 Wie viel Hertz (Hz) zeigt das EEG in Stufe II des Schlafzyklus an?

a. 1 bis 2 Hz

b. 12 bis 16 Hz

c. 14 Hz

d. 3 bis 7 Hz

e. über 20 Hz

5 Wie hoch ist der Anteil des REM-Schlafes am Gesamtschlaf bei Neugeborenen?

a. über 80%

b. weniger als 20%

c. ca. 20%

d. ca. 50%

e. ca. 60%

6 Welche Aussagen zur Narkolepsie sind zutreffend?

a. Der Sauerstoffgehalt im Blut sinkt, weil Betroffene im Schlaf plötzlich aufhören zu atmen.

b. Narkolepsie ist eine Form des Somnambulismus.

c. Betroffene schlafen auch während des Tages immer wieder ein.

d. Beim Einschlafen tritt sofort die NREM-Phase ein.

e. Die Erkrankung tritt oft in Verbindung mit Kataplexie auf.

f. Betroffene erleben z.T. furchteinflößende Halluzinationen.

7 Welche der folgenden Aussagen zu den Theorien über Träume sind zutreffend?
   a. Bei Freud entspricht der Trauminhalt den unbewussten Wünschen und Ängsten des Träumenden.
   b. In nicht-westlichen Traumtheorien sind Träume Visionen der Vergangenheit.
   c. Nach dem Modell der Aktivationssynthese sind neurale Signale im Hirnstamm, die die anderen Cortexareale stimulieren, für die Entstehung des zyklischen Wechsels von REM- und NREM-Schlaf verantwortlich.
   d. Strauch und Lederbogen (1999) fanden durch Studien heraus, dass Träume bei Erwachsenen immer einen ähnlichen Inhalt aufweisen.

8 Welche der folgenden Aussagen zur heutigen Traumforschung sind richtig?
   a. Trauminhalte entstehen aufgrund zufälliger Signale im Gehirn.
   b. Der Hippocampus ist insbesondere während des NREM-Schlafs sehr aktiv.
   c. Die Amygdala ist während des REMS-Schlafs sehr aktiv.
   d. Es gibt eine enge Verbindung zwischen Trauminhalten und Gedanken im Wachzustand.
   e. Schlaf hat die Funktion, die Erfahrung der letzten Tage mit Zielen, Wünschen und Problemen des Träumers in Einklang zu bringen.
   f. Traumbilder sind symbolischer Ausdruck von mächtigen, unbewussten, unterdrückten Wünschen.

9 Welche der folgenden Aussagen zu Hypnose sind richtig?
   a. Hypnose beginnt mit einer Induktion.
   b. Erwachsene sprechen auf Suggestion schlechter an als Kinder.
   c. Selbsthypnose hilft zur Schmerzkontrolle.
   d. Menschen mit besserer Hypnotisierbarkeit weisen kleinere Areale am Corpus Callosum auf.

10 Welche Aussagen in Bezug auf psychoaktive Substanzen stimmen?
   a. Halluzinogene führen zu dramatischen Veränderungen im Bewusstsein.
   b. Sedativa (Beruhigungsmittel) beinhalten auch Cannabis.
   c. Cannabinoide fördern die Freisetzung des Neurotransmitters GABA.
   d. Stimulanzien halten den Konsumenten wach.
   e. Opiate unterdrücken körperliche Wahrnehmungen.

11 Heroin ist ein ...
   a. Opiat.
   b. Halluzinogen.
   c. Sedativum.
   d. Stimulans.

5.3 Richtig oder Falsch?

1 Freud nahm an, dass Unakzeptables verdrängt, also aus dem Bewusstsein entfernt wird.
 __ richtig
 __ falsch

2 Freuds „Entdeckung" des Unbewussten war der Resultat einer langen Denkertradition, die sich mit dem menschlichen Verstand beschäftigte.
 __ richtig
 __ falsch

3 Gedächtnisinhalte, die dem Bewusstsein nur zugänglich sind, wenn man Aufmerksamkeit auf sie lenkt, bezeichnet man als vorbewusste Gedächtnisinhalte.
 __ richtig
 __ falsch

4 Das Introspektionsverfahren stellt die aktuellste Form der Bewusstseinsforschung dar.
 __ richtig
 __ falsch

5 Die persönliche Konstruktion der Realität und die kulturelle Konstruktion der Welt beeinflussen sich wechselseitig.
 __ richtig
 __ falsch

6 Zur Erforschung von Bewusstsein benutzen Forscher oft Paradigmen, die bewusste und unbewusste Prozesse in Beziehung zueinander setzen.
 __ richtig
 __ falsch

7 Flüge nach Westen verursachen einen größeren Jetlag als Flüge nach Osten.
 __ richtig
 __ falsch

8 Nach einer Nacht ohne REM-Schlaf hat man in der darauf folgenden Nacht mehr REM-Schlaf.
 __ richtig
 __ falsch

9 Man träumt nur während des REM-Schlafs.
 __ richtig
 __ falsch

10 Psychoaktive Substanzen sind Chemikalien, die mentale Prozesse und Verhalten beeinflussen, indem sie das Bewusstsein vorübergehend verändern.
  __ richtig
  __ falsch

11 Sucht ist das Ergebnis von Toleranz und physiologischer Abhängigkeit.
  __ richtig
  __ falsch

12 Cannabinoide binden im Gehirn an Serotonin.
  __ richtig
  __ falsch

13 Barbiturate gehören zu den Beruhigungsmitteln.
  __ richtig
  __ falsch

14 Alkohol kann in geringen Dosen zu einer Erhöhung der Reaktionsgeschwindigkeit führen.
  __ richtig
  __ falsch

5.4 Antworten auf die Verständnisfragen

1 1. Prozesse ohne bewusste Kontrolle. Unser Nervensystem nimmt viele wichtige Funktionen wahr (z.B. die Regulierung des Blutdrucks), ohne dafür das Bewusstsein in Anspruch zu nehmen. 2. Vorbewusste Gedächtnisinhalte. Ein Gedächtnisinhalt ist vorbewusst, wenn er gegenwärtig nicht Teil des Bewusstseinsinhalts ist, aber leicht dazu werden könnte (z.B. das Wissen um den Autor von „Hamlet"). 3. Unbeachtete Informationen. Obwohl wir unsere Aufmerksamkeit stets nur auf einen kleinen Teil der Umgebung richten, haben wir dennoch manchmal eine unbewusste Repräsentation einer Information außerhalb des Aufmerksamkeitsfokus parat (z.B. Cocktail-Party-Phänomen). 4. Unbewusstes. Damit sind Informationen gemeint, die dem Bewusstsein kaum zugänglich sind.

2 Freud vermutete, dass gewisse Erfahrungen im Leben, wie etwa traumatische Erinnerungen oder stark tabuisierte Wünsche, wegen ihrer Bedrohlichkeit ins Unbewusste verdrängt werden.

3 Auch wenn der Inhalt der inakzeptablen Gedanken und Wünsche aus dem Bewusstsein entfernt wird, bleiben die starken Gefühle, die mit diesen Gedanken verbunden sind, bestehen und beeinflussen das Handeln.

5.4 Antworten auf die Verständnisfragen

4 Forscher fordern Probanden dazu auf, ihre Gedanken so detailliert wie möglich zu äußern, während sie bestimmte Aufgaben ausführen. Mithilfe von Denkprotokollen können so die mentalen Strategien und Wissensrepräsentationen dokumentiert werden.

5 KRITISCHES DENKEN: Wenn die Erhebungszeitpunkte nicht randomisiert sind, wäre es möglich, dass Versuchspersonen immer zur selben Tageszeit nach ihrem Befinden befragt werden. Dies kann zu einer Verzerrung der Ergebnisse führen (z.B. wenn ein „Morgenmuffel" stets am Morgen befragt wird).

6 1. Restriktive Funktion. Das Bewusstsein reduziert den großen Fluss an Reizen, indem es einschränkt. was wir wahrnehmen, und unsere Aufmerksamkeit auf zielrelevante Aspekte fokussiert. 2. Selektive Speicherfunktion. Das Bewusstsein ermöglicht uns, klare Entscheidungen darüber zu treffen, welche Informationen wir ins Gedächtnis zu übernehmen versuchen sollten. 3. Planungsfunktion/exekutive Kontrollfunktion. Das Bewusstsein befähigt uns, Handlungen zu unterbrechen, nachzudenken und auf Grundlage von Vorwissen Alternativen in Betracht zu ziehen.

7 Eine kulturelle Konstruktion der Realität ist eine Weltsicht, die von den meisten Angehörigen einer bestimmten Menschengruppe geteilt wird.

8 Bei der SLIP-Methode werden Versprecher im Experiment induziert, indem Erwartungen für gewisse Klangmuster aufgebaut werden. Dadurch können Forscher bestimmen, wie die Reaktionen von Menschen (Klangvertauschungen) durch Faktoren außerhalb der bewussten Aufmerksamkeit (zuvor gelesene Wortpaare) beeinflusst werden.

9 Jetlag kommt zu Stande, weil der innere zirkadiane Rhythmus nicht mit der Umgebungszeit synchronisiert ist.

10 In der frühen Nacht hat man vergleichsweise mehr NREM-Schlaf, in der späten Nacht dagegen mehr REM-Schlaf.

11 NREM-Schlaf dient der Konservierung, womit das Schonen von Energiereserven gemeint ist. Außerdem findet während des NREM-Schlafs die Regenerierung von Neuronen statt, die durch Nebenprodukte des Sauerstoff-Stoffwechsels geschädigt wurden. Der REM-Schlaf ist wichtig für die Entwicklung des visuellen, sensorischen und motorischen Systems sowie für die Festigung neu errungener Fähigkeiten.

12 Die Veränderungen im Laufe der Lebensspanne betreffen zwei Bereiche. 1. Die Dauer des Gesamtschlafes nimmt stark ab: Neugeborene schlafen ca. 16 Stunden täglich, 50-Jährige schlafen in der Regel nur noch sechs Stunden. 2. Das Verhältnis von REM- zu NREM-Schlaf verschiebt sich: Während Säuglinge fast 50% REM-Schlaf-Phasen aufweisen, beträgt der Anteil des REM-Schlafes bei Erwachsenen nur noch ca. 20%.

13 Schlafapnoe ist eine Schlafstörung, bei der die Betroffenen während des Schlafens aufhören zu atmen. Durch die Ausschüttung von Notfallhormonen aufgrund des zu geringen Sauerstoffgehalts im Blut wachen die Schlafenden auf und beginnen wieder zu atmen.

14 Freud sieht Träume als den „Königsweg zum Unbewussten", weil er Traumbilder als den symbolischen Ausdruck unbewusster, unterdrückter Wünsche ansieht. Da diese Wünsche oft verbotene Sehnsüchte beinhalten, erscheinen sie wegen der Traumzensur nur in maskierter, akzeptabler Form, was dann als manifester Inhalt bezeichnet wird. Der latente Trauminhalt ist hingegen die zugrunde liegende wahre Bedeutung des Traums. Die Traumanalyse versucht, die in Träumen enthaltenen unbewussten Wünsche des Patienten zu entschlüsseln, um so dessen Probleme verstehen und behandeln zu können.

15 KRITISCHES DENKEN: Beim vorliegenden Experiment muss sichergestellt werden, dass die Veränderung im REM-Schlaf wirklich auf das Bearbeiten von Problemlöseaufgaben zurückgeführt werden kann. Dazu ist eine Kontrollgruppe unerlässlich.

16 Das Ziel des luziden Träumens ist, dass die Träumenden sich bewusst werden, dass sie träumen, um so den Inhalt ihrer Träume kontrollieren können.

17 Hypnose ist ein veränderter Bewusstseinszustand, der von der Fähigkeit hypnotisierbarer Menschen abhängt, ihre Wahrnehmung, Motivation, Erinnerung und Selbstkontrolle als Reaktion auf Suggestion zu verändern.

18 Hypnotisierbarkeit gibt den Grad an, in dem ein Individuum auf standardisierte Suggestionen anspricht, um hypnotische Reaktionen zu zeigen. Die Hypnotisierbarkeit von Menschen variiert sehr stark. Frühe Zwillingsstudien legten nahe, dass die Hypnotisierbarkeit eine genetische Komponente besitzt; die Forschung hat inzwischen mit der Identifikation spezifischer Gene begonnen, die diesem Einfluss zugrunde liegen.

19 Manche Menschen praktizieren konzentrative Meditation, andere dagegen achtsame Meditation.

20 KRITISCHES DENKEN: Um Unterschiede in der Cortex-Dicke auf Meditation zurückführen zu können, dürfen Unterschiede nur in den Hirnarealen auftreten, welche für die Meditation unmittelbare Bedeutung haben.

21 Psychoaktive Substanzen beeinflussen mentale Prozesse, indem sie zeitweise das Bewusstsein verändern und dabei die Aktivität des Nervensystems modifizieren. Beispiele sind Halluzinogene, Opiate, Beruhigungsmittel und Stimulanzien.

22 Drogentoleranz bezeichnet Umstände, in denen ein Mensch größere Mengen derselben Droge benötigt, um denselben Effekt zu erzielen.

23 Chemische Stoffe im Nikotin stimulieren Rezeptoren, die ein Glücksgefühl vermitteln, sobald wir etwas richtig gemacht haben, d.h., Nikotin lässt unser Gehirn so reagieren, als ob es gut wäre zu rauchen.

5.5 Antworten auf die Multiple-Choice-Fragen

1 a), c)

2 a), b), d)

3 c)

4 b)

5 d)

6 c), e), f)

7 a), c), d)

8 c), d), e)

9 a), b), c)

10 a), d), e)

11 a)

5.6 Richtig oder Falsch?

1 Richtig. Tabuisierte Wünsche und Gedanken wirken bedrohlich. Um sich dieser Auseinandersetzung zu entziehen, wird Unakzeptables aus dem Bewusstsein verdrängt.

2 Falsch. Freud stand der langen Tradition westlichen Denkens geradezu konträr gegenüber. Viele Denker sahen den Menschen als Herrn der Dinge – als vernunftbegabtes Wesen, welches zu allen Vorgängen im Kopf Zugang hat. Freud postulierte hingegen, dass der Mensch von Unbewusstem getrieben wird – was von Zeitgenossen als unerhörte Kränkung empfunden wurde.

3 Richtig. Vorbewusste Gedächtnisinhalte bleiben im Hintergrund, bis ihr Abruf in einer Situation notwendig wird. Dann werden die Inhalte dem Bewusstsein zugänglich.

4 Falsch. Das Introspektionsverfahren geht auf Wundt und Titchener zurück und ist eine veraltete Methode.

5 Richtig. Wenn die Entwicklung einer persönlichen Konstruktion der Realität mit der kulturellen Konstruktion in Einklang steht, so wird die persönliche Konstruktion von der kulturellen bestärkt. Umgekehrt stärkt die persönliche Konstruktion auch die kulturelle.

6 Richtig. Weil viele Funktionen des Bewusstseins implizite Vergleiche mit Unbewusstem implizieren, gibt es eine wechselseitige Beeinflussung zwischen bewussten und unbewussten Prozessen. Daher verwenden Forscher oft Paradigmen, die Unbewusstes und Bewusstes in Beziehung zueinander setzen.

7 Falsch. Flüge nach Osten verursachen den größeren Jetlag, da es viel schwieriger ist, schneller einzuschlafen, als länger wach zu bleiben.

8 Richtig. Der REM-Schlaf erfüllt einige, wichtige Funktionen. Daher ist es nach einer Nacht ohne REM-Schlaf wichtig, dieses Defizit gewissermaßen „nachzuholen".

9 Falsch. Man träumt auch während der NREM-Schlaf-Phasen, allerdings weisen diese Träume weniger Emotionalität und weniger Bildhaftigkeit auf. Die Inhalte ähneln mehr den Gedanken am Tag.

10 Richtig. Psychoaktive Substanzen binden sich an synaptische Rezeptoren und können so gewisse Reaktionen blockieren oder stimulieren. Daher nehmen sie Einfluss auf Wahrnehmung, Gedächtnis, Stimmung und Verhalten.

11 Richtig. Bei der physiologischen Abhängigkeit wird der Körper an die Substanz gewöhnt und wird von ihr abhängig, durch Toleranz werden aber immer größere Dosen benötigt, um gleiche Effekte zu erzielen. Durch diesen Teufelskreis entsteht Sucht.

12 Falsch. Cannabinoide binden an spezifische Rezeptoren im Gehirn – speziell im Hippocampus, aufgrund der Empfänglichkeit für Anandamid. Anandamid und Cannabinoide docken an dieselben Rezeptoren an.

13 Richtig. Barbiturate senken die geistige und körperliche Aktivität, indem sie die Übertragung von Nervenimpulsen im zentralen Nervensystem hemmen bzw. senken. Daher wirken Barbiturate beruhigend.

14 Richtig. Geringe Dosen von Alkohol wirken entspannend und können so eine leichte Erhöhung der Reaktionsgeschwindigkeit herbeiführen.

Lernen und Verhaltensanalyse

6.1 Verständnisfragen 58
6.2 Multiple-Choice-Fragen 59
6.3 Richtig oder Falsch? 62
6.4 Antworten auf die Verständnisfragen 65
6.5 Antworten auf die Multiple-Choice-Fragen 68
6.6 Richtig oder Falsch? 69

6.1 Verständnisfragen

1. Welche zwei Arten von Lernen unterscheidet man?
2. Was wäre eine mögliche Definition von Lernen?
3. Was kritisierte Watson an der Introspektion?
4. Was ist eines der Hauptziele der Verhaltensanalyse?
5. Was ist ein Reflex?
6. Welche Rolle spielen Reflexe in der klassischen Konditionierung?
7. Welche grundlegende Form des Lernens beschreibt das folgende Beispiel?

    Sie besuchen eine Freundin zum ersten Mal. Als Sie den Garten betreten, läuft der Hund Ihrer Freundin laut bellend auf Sie zu. Anfangs bekommen Sie Herzrasen und fürchten sich, stellen dann jedoch fest, dass das Tier Sie lediglich begrüßen und mit Ihnen spielen will. Als Sie die Freundin ein weiteres Mal besuchen, ist Ihnen immer noch etwas mulmig, als der Hund auf Sie zuschießt, jedoch fällt Ihre anfängliche physische Reaktion schwächer aus als beim ersten Mal, da Sie wissen, dass der Hund Sie nur begrüßen und nicht beißen will.

8. Wie erklärt man sich, dass Drogenabhängige an einer Überdosis Heroin sterben, obwohl sie sich eine kleinere Menge, als sie für gewöhnlich vertragen, gespritzt haben?
9. Was versteht man unter dem Gesetz des Effekts?
10. Was ist operantes Konditionieren?
11. Was versteht man unter Kontingenz bei der Verstärkung?
12. Was ist ein Verstärker?
13. Was versteht man unter operanter Löschung?
14. Was wäre eine mögliche Definition für einen Bestrafungsreiz?
15. Wie beeinflussen Verstärkung und Bestrafung die Wahrscheinlichkeit von Verhaltensweisen?
16. Was versteht man unter einem diskriminativen Hinweisreiz?
17. Was ist der Unterschied zwischen primären und konditionierten Verstärkern?
18. Was besagt die Theorie des Reaktionsentzugs (Response Deprivation Theory)?
19. Welcher Unterschied besteht zwischen fixierten Quotenplänen (FR) und fixierten Intervallplänen (FI) bei der Verstärkung?
20. Was versteht man unter den biologischen Beschränkungen des Lernens?
21. Durch welche Theorie lässt sich erklären, dass Schweine eher ihrem vererbten Futtersuchverhalten folgen als die konditionierte Reaktion zu zeigen?
22. Warum ist erlernte Geschmacksaversion als konditionierte Reaktion ungewöhnlich?

23 Warum können manche CS-UCS-Kombinationen bei bestimmten Tierspezies klassisch konditioniert werden und andere Kombinationen nicht?

24 Welche Folgerungen zog Tolman aus seinem grundlegenden Experiment mit den Ratten im Labyrinth?

25 Welche Belege zeigen, dass Tauben Reize flexibel in Kategorien einordnen können?

26 Was bedeutet mittelbare Verstärkung?

27 Warum sollte man den Fernsehkonsum von Kindern im Kontext von Beobachtungslernen betrachten?

6.2 Multiple-Choice-Fragen

1 Was sind wesentliche Bestimmungsaspekte von Lernen?
   a. Lernen führt zu einer Veränderung im Verhalten oder Verhaltenspotenzial.
   b. Lernen beschreibt eine relativ konsistente Veränderung des Verhaltens oder Verhaltenspotenzials.
   c. Lernen ist ein erfahrungsbasierter Prozess.
   d. Lernen resultiert ausschließlich aus Konditionierung.

2 Wer ist der Begründer des Behaviorismus?
   a. Ivan Pavlov
   b. John Watson
   c. B.F. Skinner
   d. Sigmund Freud

3 Die Orientierungsreaktion tritt bei einem/r ... auf.
   a. neutralen Stimulus
   b. konditionierten Stimulus
   c. unkonditionierten Stimulus
   d. unkonditionierten Reaktion

4 Eine unkonditionierte Reaktion wird hervorgerufen durch ...
   a. einen konditionierten Stimulus.
   b. einen neutralen Stimulus.
   c. einen unkonditionierten Stimulus.
   d. eine konditionierte Reaktion.

5 Was versteht man unter der Spurenkonditionierung?
   a. CS wird vor UCS präsentiert und hält mindestens so lange an, bis der UCS einsetzt.
   b. CS wird unterbrochen oder entfernt, bevor der UCS präsentiert wird.
   c. CS und UCS treten gleichzeitig auf.
   d. UCS geht dem CS voraus.

6 Eine Spontanremission ist …
   a. das Wiederauftreten der UCR nach einer kurzen Pause bei vorheriger Löschung.
   b. das Ausbleiben der UCR nach einer kurzen Pause bei vorheriger Löschung.
   c. das Wiederauftreten der CR nach einer kurzen Pause bei vorheriger Löschung.
   d. das Ausbleiben der CR nach einer kurzen Pause bei vorheriger Löschung.

7 Für welche körperlichen Reaktionen sind sehr kurze Intervalle beim Erwerb einer CR am besten?
   a. viszerale Reaktionen
   b. Angstreaktionen
   c. Muskelreaktionen

8 Unter Ersparnis versteht man …
   a. das schnellere Wiedererlernen einer CR nach der Löschung einer ursprünglichen Paarung von CS und UCS.
   b. das schnellere Wiedererlernen einer UCR nach der Löschung einer ursprünglichen Paarung von CS und UCS.
   c. die Zeit, die man sich spart, wenn man eine effektivere Art der Konditionierung wählt.
   d. die Zeit, die man sich spart, wenn der CS dem UCS ähnlich ist.

9 Was ist bei der Paarung von UCS und CS beim klassischen Konditionieren wichtig?
   a. Kontingenz
   b. Kontiguität
   c. Informativität
   d. Reizdiskrimination

10 Wird die Reaktionsstärke für Serien von Reizen bestimmt, die entlang einer Dimension zunehmend unähnlicher werden, erhält man einen …
   a. Generalisierungsradius.
   b. Generalisierungsgradienten.
   c. Generalisierungspeak.
   d. Generalisierungsgraph.

11 Die Fähigkeit des ersten CS, die Informativität des zweiten CS aufgrund der vorangegangenen Erfahrungen mit dem UCS zu reduzieren, bezeichnet man als …
   a. Aufhebung.
   b. Unterdrückung.
   c. Blockierung.

12 Thorndikes Gesetz des Effekts bezeichnet das Verhältnis von …
   a. Verhalten und Ursache.
   b. Ursache und Konsequenzen.
   c. Verhalten und Konsequenzen.

13 Wenn auf ein Verhalten ein angenehmer Reiz folgt und damit die Auftretenswahrscheinlichkeit eines Verhaltens erhöht wird, spricht man von ...

   a. negativer Verstärkung.

   b. negativer Bestrafung.

   c. positiver Verstärkung.

   d. positiver Bestrafung.

14 Bei welcher/n allgemeinen Art/en von Lernumständen wirkt eine negative Verstärkung?

   a. Angstkonditionierung

   b. Fluchtkonditionierung

   c. Vermeidungskonditionierung

15 Bei negativer Bestrafung wird ...

   a. die Verhaltenswahrscheinlichkeit erhöht.

   b. die Verhaltenswahrscheinlichkeit vermindert.

   c. ein aversiver Reiz hinzugefügt.

   d. ein aversiver Reiz weggenommen.

16 Dreifachkontingenz bezeichnet die Folge von ...

   a. generalisiertem Reiz, Verhalten und Ergebnis.

   b. diskriminativem Reiz, Konsequenz und Generalisierung.

   c. diskriminativem Reiz, Verhalten und Konsequenz.

17 Das Premack-Prinzip besagt, dass ...

   a. eine weniger wahrscheinliche Aktivität als Verstärker für eine wahrscheinlichere eingesetzt werden kann.

   b. eine wahrscheinlichere Aktivität als Verstärker für eine weniger wahrscheinliche eingesetzt werden kann.

18 Verstärker können ...

   a. biologisch determiniert sein.

   b. durch Erfahrung gelernt sein.

   c. Verhalten verändern.

   d. aus Aktivitäten statt aus Objekten bestehen.

19 Variable Quotenpläne produzieren ...

   a. hohe Auftretenswahrscheinlichkeiten von Reaktionen, da eine unmittelbare Korrelation zwischen Reaktionen und Verstärkung besteht.

   b. die höchste Reaktionsrate.

   c. den größten Löschungswiderstand.

   d. ein Bogenmuster bei den Reaktionsraten.

20 Biologische Beschränkungen des Lernens sind …
   a. Wahrnehmung.
   b. Verhalten.
   c. Kognition.

21 Welcher Forscher hat sich intensiv mit dem Beobachtungslernen auseinandergesetzt?
   a. J. Watson
   b. B.F. Skinner
   c. A. Bandura
   d. I. Pavlov

22 Wer untersuchte erstmalig kognitive Prozesse beim Lernen?
   a. Keller und Marion Breland
   b. David Hume
   c. John Garcia
   d. Edward Tolman

23 Was ist/sind die Funktion/en räumlicher kognitiver Landkarten?
   a. Wiedererkennen von Merkmalen in der Umgebung
   b. Finden von wichtigen Zielobjekten in der Umgebung
   c. Planen des Weges durch eine Umgebung

24 Das Verhalten eines Modells wird dann besonders einflussreich sein, wenn …
   a. wahrgenommen wird, dass das Verhalten verstärkende Konsequenzen erbringt.
   b. das Modell als positiv, beliebt und respektiert wahrgenommen wird.
   c. es für den Beobachter im Rahmen seines Möglichen ist, das Verhalten zu imitieren.
   d. der Beobachter dafür belohnt wird, seine Aufmerksamkeit auf das Verhalten des Modells zu lenken.

6.3 Richtig oder Falsch?

1 Ein wesentlicher Unterschied von Lernen und Leistung ist, dass man das Lernen nicht beobachten kann, während Leistung im beobachtbaren Verhalten zum Ausdruck kommt.
   __ richtig
   __ falsch

2 Klassische Konditionierung wird auch als Pavlov'sche Konditionierung bezeichnet.
   __ richtig
   __ falsch

3 Ein Stimulus, welcher natürlicherweise ein Reflexverhalten hervorruft, wird als unkonditionierter Stimulus bezeichnet.
   __ richtig
   __ falsch

4 Verhaltensforscher gehen davon aus, dass elementare Lernprozesse über die Spezies hinweg erhalten bleiben.
   __ richtig
   __ falsch

5 Das auf den unkonditionierten Stimulus hin gezeigte Verhalten wird als Orientierungsreaktion bezeichnet.
   __ richtig
   __ falsch

6 Die Stärke der konditionierten Reaktion steigt mit der Anzahl der Durchgänge, in denen der konditionierte Stimulus mit dem unkonditionierten Stimulus gepaart wird.
   __ richtig
   __ falsch

7 Tritt die CR in Anwesenheit des CS (und Abwesenheit des UCS) nicht mehr auf, so spricht man von Extinktion.
   __ richtig
   __ falsch

8 Die automatische Erweiterung einer Reaktion auf Stimuli, die nie mit dem ursprünglichen UCS gepaart wurden, wird als Reizdiskrimination bezeichnet.
   __ richtig
   __ falsch

9 Die simultane Konditionierung ist im Allgemeinen das effektivste Paradigma der Konditionierung.
   __ richtig
   __ falsch

10 Je ähnlicher der neue Reiz dem ursprünglichen CS ist, desto stärker wird die Reaktion ausfallen.
   __ richtig
   __ falsch

11 Diskriminationslernen verkleinert den Bereich von CS, auf die ein Organismus reagiert.
   __ richtig
   __ falsch

12 Operante Reaktionen werden, wie auch klassisch konditioniertes Verhalten, durch spezifische Reize ausgelöst.
   __ richtig
   __ falsch

13 Wenn auf ein Verhalten die Entfernung eines aversiven Reizes folgt und somit die Auftretenswahrscheinlichkeit eines Verhaltens erhöht wird, spricht man von negativer Bestrafung.
   __ richtig
   __ falsch

14 Negative Verstärkung vermindert die Wahrscheinlichkeit der Reaktion, die zuvor erfolgte.
   __ richtig
   __ falsch

15 Spontanremission kann sowohl beim operanten als auch beim klassischen Konditionieren auftreten.
   __ richtig
   __ falsch

16 Bei der positiven Bestrafung folgt auf ein Verhalten die Verabreichung eines aversiven Reizes. Die Verhaltenswahrscheinlichkeit wird dadurch erhöht.
   __ richtig
   __ falsch

17 Verhaltensanalytiker sind der Ansicht, dass jedes überdauernde Verhalten deshalb Bestand hat, weil es Verstärkung zur Folge hat.
   __ richtig
   __ falsch

18 Primäre Verstärker sind oft wirksamer und leichter in der Handhabung als konditionierte Verstärker.
   __ richtig
   __ falsch

19 Beim Quotenplan erfolgt die Verstärkergabe nach einem bestimmten Zeitintervall auf die erste Reaktion hin.
   __ richtig
   __ falsch

20 Verstärkerpläne können entweder konstante oder unregelmäßige Muster aufweisen.
   __ richtig
   __ falsch

21 Angenommen, ihr Dozent lässt im Seminar gelegentlich und in unregelmäßigen Abständen Tests schreiben.
 __ richtig
 __ falsch

22 Beim Shaping werden alle Reaktionen verstärkt, die sich der gewünschten Reaktion schrittweise annähern und schließlich mit ihr übereinstimmen.
 __ richtig
 __ falsch

23 Im Gegensatz zu vielen anderen Beispielen des klassischen Konditionierens wird die Geschmacksaversion durch nur eine einzige Paarung eines CS und seiner Konsequenzen gelernt.
 __ richtig
 __ falsch

24 Konzeptuelles Verhalten findet man nur bei Menschen.
 __ richtig
 __ falsch

6.4 Antworten auf die Verständnisfragen

1 Man unterscheidet grundsätzlich zwischen dem klassischen und operanten Konditionieren.

2 Lernen ist ein Prozess, der in einer relativ konsistenten Änderung des Verhaltens oder des Verhaltenspotenzials resultiert und auf Erfahrung basiert.

3 Laut Watson ist die Introspektion kein geeignetes Mittel der wissenschaftlichen Datengewinnung, da sie zu subjektiv und nicht objektiv verifizierbar ist.

4 Ein Hauptziel der Verhaltensanalyse ist die Entdeckung von universellen Regelmäßigkeiten im Lernen, die in vergleichbaren Situationen bei allen tierischen Spezies einschließlich des Menschen vorkommen.

5 Ein Reflex ist eine ungelernte Reaktion (z.B. Lidschlagreflex), die in natürlicher Weise durch spezifische Stimuli hervorgerufen wird, die für den Organismus biologisch relevant sind.

6 Reflexe bilden den Kern der klassischen Konditionierung. Letztere beginnt mit natürlichen Verhaltensweisen (z.B. Speicheln), die Reflexreaktionen auf unkonditionierte Stimuli (z.B. Gabe von Futter) sind.

7 Das Beispiel beschreibt das Prinzip der Habituation. Hierbei handelt es sich um eine grundlegende Form des Lernens, bei der die Verhaltensreaktion (Herzrasen und Furcht vor dem Hund) nachlässt, wenn ein Stimulus wiederholt dargeboten wird (beim zweiten Mal ist Ihre Reaktion schwächer).

8 Das Setting, in dem der Drogenkonsum stattfindet, spielt eine wichtige Rolle. Das Setting, in der die Heroindosis für gewöhnlich verabreicht wird, dient als konditionierter Stimulus, und der Körper lernt sich zu schützen, indem er verhindert, dass die Droge ihre übliche Wirkung entwickelt. Wenn Menschen Drogen nehmen, dann erzeugt die Droge (UCS) bestimmte physiologische Reaktionen, auf die der Körper mit Gegenmaßnahmen reagiert. Die Gegenmaßnahmen des Körpers auf die Droge bilden die unkonditionierte Reaktion (UCR). Mit der Zeit wird diese kompensatorische Reaktion zu einer konditionierten Reaktion (CR). Dies bedeutet, dass sich der Körper in Settings, die gewohnheitsmäßig mit Drogenkonsum (CS) assoziiert sind, physiologisch auf die erwarteten Effekte der Droge vorbereitet (CR). Die Drogentoleranz steigt in diesen Settings, da die konditionierte kompensatorische Reaktion selbst anwächst. Findet der Drogenkonsum jedoch nicht im konditionierten Setting statt, tritt die kompensatorische Wirkung nicht in üblichem Umfang ein. Dies kann zum Tod an Überdosis – trotz geringerer Mengen als üblich – führen.

9 Das Gesetz des Effekts besagt, dass eine Reaktion, der befriedigende Konsequenzen folgen, wahrscheinlicher wird; eine Reaktion, auf die unbefriedigende Konsequenzen folgen, wird dagegen unwahrscheinlicher.

10 Die Manipulation von Konsequenzen des Verhaltens, um den Effekt der Konsequenzen auf das Folgeverhalten abzuschätzen.

11 Unter der Kontingenz bei der Verstärkung versteht man eine zuverlässige Beziehung zwischen einer Reaktion und den dadurch hervorgerufenen Änderungen in der Umwelt.

12 Ein Verstärker ist jeder Stimulus, der die Wahrscheinlichkeit eines Verhaltens im Laufe der Zeit erhöht.

13 Wenn ein Verhalten keine vorhersagbaren Konsequenzen mehr zeigt, geht es auf das Niveau zurück, das es vor dem operanten Konditionieren hatte – es wird gelöscht.

14 Ein Bestrafungsreiz ist jeder Stimulus, der – wird er kontingent zu einer Reaktion dargeboten – die Wahrscheinlichkeit dieser Reaktion im Laufe der Zeit senkt.

15 Verstärkung macht Verhaltensweisen wahrscheinlicher; Bestrafung macht sie unwahrscheinlicher.

16 Im Zuge ihrer Assoziation mit Verstärkung oder Bestrafung erlangen bestimmte Reize, die einer spezifischen Reaktion vorausgehen, die Eigenschaft, den Kontext des Verhaltens festzulegen. Organismen lernen, dass ihr Verhalten in Anwesenheit bestimmter Reize, nicht aber in Anwesenheit anderer, mit großer Wahrscheinlichkeit einen bestimmten Effekt auf die Umwelt zeigt.

17 Verstärkereigenschaften von primären Verstärkern sind biologisch determiniert. Konditionierte Verstärker entstehen durch Assoziationen von zunächst neutralen Stimuli mit primären Verstärkern.

6.4 Antworten auf die Verständnisfragen

18 Laut der Theorie des Reaktionsentzugs werden Verhaltensweisen dann bevorzugt und wirken daher verstärkend, wenn ein Organismus daran gehindert wird, sie auszuüben.

19 In FR-Plänen wird immer dann ein Verstärker gegeben, wenn der Organismus eine festgelegte Anzahl von Reaktionen gezeigt hat. In FI-Plänen wird dagegen ein Verstärker gegeben, wenn der Organismus nach einer festgelegten Zeit zum ersten Mal eine Reaktion zeigt.

20 Es sind all jene Einschränkungen des Lernens, die einer Spezies aufgrund ihrer genetischen Ausstattung entstehen. Sie können sich auf das Potenzial der Wahrnehmung, des Verhaltens und der Kognition von Tieren auswirken.

21 Die Tendenz, das gelernte Verhalten in Richtung instinktives Verhalten zu verschieben, wird als Instinktverschiebung bezeichnet. Hierbei ist das Verhalten der Tiere nicht durch einfache operante Prinzipien zu erklären, sondern durch spezifische Tendenzen einer Spezies, die durch genetische Ausstattung entstehen.

22 Geschmacksaversion entwickelt sich bereits nach nur einer CS-UCS-Paarung und auch bei großem zeitlichen Unterschied zwischen CS und UCS. Sie bleibt oft nach nur einer Erfahrung permanent erhalten.

23 Aufgrund der genetischen Prädisposition besitzen Tierspezies eine angeborene Tendenz, bestimmte Stimuli mit bestimmten Konsequenzen zu assoziieren.

24 Tolman schloss aus seinem Experiment, dass die Ratten kognitive Pläne für die Labyrinthgrundrisse entwickelten und somit fähig waren, eine innere kognitive Landkarte – eine Repräsentation des Gesamtaufbaus des Labyrinths – zu kreieren.

25 Tauben konnten Fotografien von vier Basiskategorien (Menschen, Blumen, Autos, Stühle) überdurchschnittlich oft in die beiden höhere Kategorien (natürliche Reize vs. künstliche Reize) korrekt einordnen.

26 Menschen sind fähig, ihre kognitiven Fähigkeiten des Erinnerns und Schlussfolgerns zu nutzen, um ihr Verhalten im Lichte der Erfahrung anderer zu ändern; Menschen können durch Beobachtung lernen. Mittelbare Verstärkung liegt vor, wenn das Verhalten eines Menschen wahrscheinlicher wird, nachdem er die Verstärkung des Verhaltens eines anderen Menschen beobachtet hat.

27 Da Kinder bestimmte Verhaltensweisen durch Fernsehen lernen und imitieren, sollte man den Fernsehkonsum von Kindern im Kontext von Beobachtungslernen betrachten. Die Forschung zeigt, dass Kinder, die Zeugen einer großen Zahl aggressiver Handlungen werden, lernen, selbst aggressiv zu sein. Gleichzeitig wurde jedoch auch gezeigt, dass Kinder prosoziales, helfendes Verhalten durch Fernsehkonsum lernen können, wenn prosoziale Verhaltensmodelle gezeigt werden.

6.5 Antworten auf die Multiple-Choice-Fragen

1. a), b), c)
2. b)
3. a)
4. c)
5. b)
6. c)
7. c)
8. a)
9. a), b), c)
10. b)
11. c)
12. c)
13. c)
14. b), c)
15. b), d)
16. c)
17. b)
18. a), b), c), d)
19. b), c)
20. a), b), c)
21. c)
22. d)
23. a), b), c)
24. a), b), c), d)

6.6 Richtig oder Falsch?

1 Richtig. Bei der Leistung sind die Ergebnisse vorzuweisen (z.B. dass man Rad fahren gelernt hat). Lernen ist jedoch nicht immer beobachtbar oder messbar. So kann man beispielsweise allgemeine Haltungen, wie etwa die Wertschätzung moderner Kunst, nur schwer messen.

2 Richtig. Da Pavlov die wichtigsten Phänomene des Konditionierens entdeckte, nennt man die klassische Konditionierung auch Pavlov'sche Konditionierung.

3 Richtig. Der Stimulus besitzt ohne Lernen Kontrolle über das Verhalten.

4 Richtig. Das Hauptziel der Verhaltensanalytiker ist es, solche universellen Regelmäßigkeiten im Lernen zu entdecken.

5 Falsch. Das auf einen unkonditionierten Stimulus gezeigte Verhalten wird als unkonditionierte Reaktion bezeichnet. Eine Orientierungsreaktion wird durch einen neutralen Stimulus (z.B. Ton) hervorgerufen.

6 Richtig. Während der Phase des Erwerbs taucht die CR erstmalig auf und nimmt in ihrer Häufigkeit allmählich mit zunehmenden wiederholten Paarungen zu.

7 Richtig. Bei dem Experiment von Pavlov wäre dies beispielsweise der Fall, wenn der Hund keinen Speichelfluss bei dem alleinigen Ertönen des konditionierten Stimulus (Ton) mehr zeigt (Abwesenheit des UCS Futter).

8 Falsch. Die automatische Erweiterung der Reaktion auf Stimuli, die nie mit dem ursprünglichen UCS gepaart wurden, wird als Reizgeneralisierung bezeichnet.

9 Falsch. Die effektivste Art ist im Allgemeinen die verzögerte Konditionierung mit einem kurzen Intervall zwischen dem Start des CS und dem Start des UCS.

10 Richtig. Stichwort Reizgeneralisierung.

11 Richtig. Lernt ein Organismus auf verschiedene Reize, die sich von dem CS entlang einer Dimension unterscheiden, unterschiedlich zu reagieren, so bezeichnet man diesen Prozess als Diskrimination.

12 Falsch. Operante Reaktionen werden nicht durch spezifische Reize ausgelöst, sondern sind eine Funktion der Umweltkonsequenzen.

13 Falsch. Wenn die Auftretenswahrscheinlichkeit eines Verhaltens aufgrund der Entfernung eines aversiven Reizes erhöht wird, spricht man von negativer Verstärkung.

14 Falsch. Negative Verstärkung erhöht die Reaktionswahrscheinlichkeit, indem ein aversiver Stimulus entfernt, reduziert oder verhindert wird.

15 Richtig. Spontanremission ist ein Merkmal von operantem und klassischem Konditionieren.

16 Falsch. Bei der positiven Bestrafung wird die Verhaltenswahrscheinlichkeit vermindert, indem ein aversiver Reiz auf ein Verhalten folgt.

17 Richtig. Verhaltensanalytiker behaupten, dass jegliches Verhalten, einschließlich irrationales und bizarres Verhalten, dadurch verstanden werden kann, dass man seine Verstärker und angenehmen Begleiterscheinungen herausfindet.

18 Falsch. Lehrer und Experimentalwissenschaftler stellen oft fest, dass konditionierte Verstärker wirksamer und leichter in der Handhabung sind als primäre Verstärker, da beispielsweise nur wenige primäre Verstärker im Schulunterricht verfügbar sind. Konditionierte Verstärker können schnell vergeben werden, sie sind transportabel und ihr Verstärkereffekt kann schneller zum Tragen kommen.

19 Falsch. Beim Quotenplan erfolgt die Verstärkung nach einer bestimmten Anzahl von Reaktionen.

20 Richtig. Das Muster bei der Verstärkung kann entweder konstant und somit fixiert oder unregelmäßig und somit variabel sein.

21 Richtig. Bei einem variablen Intervallplan wird das Zeitintervall im Durchschnitt festgelegt. So wird im Durchschnitt beispielsweise alle vier Wochen ein Test geschrieben. Es kann jedoch auch vorkommen, dass einmal nach zwei Wochen und dann nach sechs Wochen ein Test geschrieben wird.

22 Richtig. Um einer Ratte beispielsweise das Drücken eines Hebels beizubringen, wurde ihr anfangs auch dann Futter gegeben, wenn sie sich immer näher in Richtung Hebel bewegte. Dann wurde ihr Futter gegeben, wenn sie den Hebel berührte und letztendlich musste die Ratte den Hebel drücken, um Futter zu erhalten.

23 Richtig. Das Lernen von Geschmacksaversionen ist ein sehr wirksamer Mechanismus, der für viele Tierspezies zum Überleben notwendig ist. Für viele Tierarten ist es wichtig, Nahrung nur zu probieren und zu lernen, welche Nahrung sicher und welche giftig ist.

24 Falsch. Auch bei Tauben konnte beispielsweise konzeptuelles Verhalten nachgewiesen werden, indem man sie Bilder in Kategorien einordnen ließ.

Gedächtnis

7.1 Verständnisfragen 72
7.2 Multiple-Choice-Fragen 73
7.3 Richtig oder Falsch? 75
7.4 Antworten auf die Verständnisfragen 77
7.5 Antworten auf die Multiple-Choice-Fragen 80
7.6 Richtig oder Falsch? 80

7 Gedächtnis

7.1 Verständnisfragen

1 Was ist das Gedächtnis?

2 Was ist der Unterschied zwischen explizitem und implizitem Gebrauch des Gedächtnisses?

3 Angenommen, Sie sind geübt im Jonglieren. Beruht Ihre Fertigkeit mehr auf dem deklarativen oder auf dem prozeduralen Gedächtnis?

4 Erklären Sie den Vorgang der Wissenszusammenfügung an einem Beispiel.

5 Sie können sich plötzlich nicht mehr an das Passwort für Ihren E-Mail-Zugang erinnern. Welcher Gedächtnisprozess ist verantwortlich?

6 Warum glauben Forscher, dass das ikonische Gedächtnis eine große Kapazität besitzt?

7 Wie groß wird gegenwärtig die Kapazität des Kurzzeitgedächtnisses geschätzt?

8 Was versteht man unter dem Begriff Chunking?

9 Aus welchen Komponenten besteht das Arbeitsgedächtnis?

10 Was ist die zentrale Exekutive?

11 Wie misst man die Kapazität des Arbeitsgedächtnisses?

12 Was versteht man unter dem Langzeitgedächtnis?

13 Was sind Hinweisreize beim Abruf?

14 Geben die Umstände des Abrufs oder des Wiedererkennens generell mehr Hinweisreize?

15 Welche Arten von Gedächtnisinhalten werden im semantischen Gedächtnis gespeichert?

16 Sie lernen am Strand ein Gedicht auswendig, bis Sie es perfekt vortragen können. Als Sie jedoch von Ihrer Lehrerin im Klassenzimmer dazu aufgefordert werden das Gedicht wiederzugeben, machen Sie Fehler. Dies ist ein Beispiel für welchen Effekt?

17 Warum erinnern Sie sich auf einer Party am besten an die erste Person, mit der Sie gesprochen haben?

18 Was versteht man unter dem Recency-Effekt?

19 Was besagt die Theorie der Verarbeitungstiefe?

20 Was bezeichnet der Begriff der transferadäquaten Verarbeitung im Hinblick auf das Gedächtnis?

21 Sie lernen diese Woche für Ihren Englischkurs das Gedicht „Der Rabe" von Edgar Allan Poe auswendig. Danach können Sie das Gedicht der letzten Woche nicht mehr aufsagen. Ist dies ein Beispiel für proaktive oder retroaktive Interferenz?

22 Wie könnten Sie sich mithilfe der Methode der Orte an die Reihenfolge der Elemente im Periodensystem erinnern?

23 Welche zwei Informationsarten tragen zum Gefühl des Wissens bei?

24 Welche Beziehung besteht zwischen Kategorien und Konzepten?

25 Warum ist es wahrscheinlicher, einen Spatz als typischen Vogel einzuordnen als einen Pinguin?

26 Was behauptet die Exemplartheorie der Kategorisierung?

27 Welche drei Prozesse verursachen laut Frederic Bartlett Verzerrungen im rekonstruktiven Gedächtnis?

28 Zu welcher Hauptschlussfolgerung kamen Loftus und ihre Kollegen nach ihren Untersuchungen zu Zeugenaussagen?

29 Welche Schlussfolgerung zog Karl Lashley über den Ort des Engramms?

30 Was ergab die Forschung über die Schädigung des impliziten Gedächtnisses bei Amnesiepatienten?

31 Was haben PET-Studien über die Basis von Enkodierung und Abruf episodischer Information im Gehirn ergeben?

7.2 Multiple-Choice-Fragen

1 Ein durchschnittliches Gehirn speichert schätzungsweise …
   a. 100 Milliarden Informationseinheiten.
   b. 100 Billionen Informationseinheiten.
   c. 100 Millionen Informationseinheiten.

2 Welche Art von Gedächtnis wird beansprucht, wenn es einer bewussten Anstrengung bedarf, um Informationen wiederherzustellen?
   a. explizites Gedächtnis
   b. implizites Gedächtnis

3 Das Erinnern von Fakten und Ereignissen bezeichnet man als …
   a. prozedurales Gedächtnis.
   b. deklaratives Gedächtnis.

4 Das prozedurale Gedächtnis wird genutzt, um sich … Fertigkeiten anzueignen.
   a. perzeptuelle
   b. kognitive
   c. motorische
   d. visuelle

Gedächtnis

5 Zu den Gedächtnisprozessen gehören ...
   a. Abruf
   b. Verarbeitung
   c. Speicherung
   d. Enkodierung

6 Das ikonische Gedächtnis ...
   a. ermöglicht es dem Gedächtnissystem, Informationen im motorischen Bereich zu speichern.
   b. ist in der Lage, große Informationsmengen zu speichern.
   c. speichert Informationen über lange Zeiträume hinweg.
   d. wurde in einem Experiment entdeckt, in denen die Probanden Informationen aus visuellen Displays abrufen sollten, die nur eine zwanzigstel Sekunde dargeboten wurden.

7 Zur Bestimmung der Kapazität des KZG verwendet man ...
   a. das Leistungskriterium.
   b. die Gedächtnisspanne.

8 Das Aufrechterhalten von Gedächtnisinhalten durch Wiederholen bezeichnet man als ...
   a. Rehearsal.
   b. Chunking.

9 Aus welchen Komponenten besteht das Arbeitsgedächtnis nach Baddeley und Kollegen (1886, 1992)?
   a. phonologisches Band
   b. visuell-räumlicher Notizblock
   c. zentrale Exekutive
   d. universale Exekutive
   e. phonologische Schleife

10 Die phonologische Schleife ist ...
   a. für die Speicherung und Manipulation von visuellen und räumlichen Informationen zuständig.
   b. für die Kontrolle der Aufmerksamkeit zuständig.
   c. für die Speicherung und Manipulation von sprachbasierten Informationen zuständig.
   d. Teil des Arbeitsgedächtnisses nach Baddeley.

11 Die Erinnerungsfähigkeit ist dann am besten, wenn ...
   a. die Umstände, unter denen Sie Informationen enkodiert haben, möglichst schlecht zu jenen Umständen passen, unter welchen Sie die Informationen wieder abrufen wollen.

b. die Umstände, unter denen Sie Informationen enkodiert haben, möglichst gut zu jenen Umständen passen, unter welchen Sie die Informationen wieder abrufen wollen.

c. die Umstände, unter denen Sie Informationen enkodiert haben, möglichst gut zu jenen Umständen passen, unter welchen Sie die Informationen speichern wollen.

12 Zum Beantworten von Multiple-Choice-Fragen wird welche Form von Gedächtnistest angewendet?

a. Wiedererkennen (Recognition)

b. Abruf (Recall)

13 Die Kategorienassoziation basiert auf der ...

a. physikalischen Analyse.

b. Bedeutungsanalyse.

c. Bedeutungssynthese.

14 Welches sind Beispiele der Mnemotechnik?

a. Wäscheleinemethode

b. Methode der Orte

c. Einkaufslistenmethode

d. Assoziationsmethode

15 Die physikalische Gedächtnisspur einer Information im Gehirn heißt ...

a. Eneagramm.

b. Engramm.

c. Autogramm.

7.3 Richtig oder Falsch?

1 Bezeichnungen von Objekten (z.B. „Hund") werden explizit gelernt.

_ richtig

_ falsch

2 Zum Behalten von Wissen, wie Dinge ausgeführt werden, benötigt man das prozedurale Gedächtnis.

_ richtig

_ falsch

3 Zum Inhalt zusammengefügter Einheiten besitzt man einen bewussten Zugang.

_ richtig

_ falsch

4 Enkodierung ist der erste Informationsverarbeitungsprozess und erfordert die Bildung mentaler Repräsentation aus der externen Welt.
 __ richtig
 __ falsch

5 Speicherung erfordert nur kurzzeitige Veränderungen in Gehirnstrukturen.
 __ richtig
 __ falsch

6 Die technische Bezeichnung für das fotografische Gedächtnis ist die eidetische Vorstellungskraft.
 __ richtig
 __ falsch

7 Trotz der Kapazitätsbegrenzungen des KZG erinnern wir uns effizient, da das Abrufen von Informationen im KZG durch Rehearsal und Chunking verbessert werden kann.
 __ richtig
 __ falsch

8 Chunking beschreibt der Prozess, einzelne Items von Informationen auf der Basis von Ähnlichkeit oder einem anderen Organisationsprinzip zu rekodieren.
 __ richtig
 __ falsch

9 Das Arbeitsgedächtnis beschreibt jede Gedächtnisressource, die für Aufgaben wie Schlussfolgern und Sprachverstehen genutzt wird. Des Weiteren stellt es eine Grundlage für den Fluss der Gedanken und Handlungen von Moment zu Moment bereit.
 __ richtig
 __ falsch

10 Der Begriff „Behaltensintervall" bezeichnet die Zeitspanne, die man benötigt, um sich etwas zu merken, z.B. die Zeit, die man benötigt, um sich sechs Wortpaare so einzuprägen, dass man sie dreimal hintereinander fehlerfrei aufsagen kann.
 __ richtig
 __ falsch

11 Abruf und Wiedererkennen sind zwei Tests zum impliziten Gedächtnis.
 __ richtig
 __ falsch

12 Das deklarative Gedächtnis wird in episodisches und semantisches Wissen eingeteilt.
 __ richtig
 __ falsch

13 Das semantische Gedächtnis bewahrt die individuellen und spezifischen Ereignisse auf, die man persönlich erlebt hat.
   __ richtig
   __ falsch

14 Der Primacy-Effekt kann durch kontextuelle Unterscheidbarkeit erklärt werden.
   __ richtig
   __ falsch

15 Das Ersparnismaß nach Ebbinghaus ist der Grad des Behaltens in Abhängigkeit unterschiedlicher Zeitintervalle.
   __ richtig
   __ falsch

16 Eine allgemeine Strategie zur Verbesserung des Enkodierens ist elaborierendes Wiederholen.
   __ richtig
   __ falsch

17 Schemata sind, wie Prototypen auch, festgefügt und ändern sich nicht mit wechselnden Lebensereignissen.
   __ richtig
   __ falsch

18 Wenn Augenzeugen berichten, was sie gesehen haben, dann sind diese Gedächtnisinhalte gegenüber Verzerrungen durch später hinzugekomme Informationen wenig störanfällig.
   __ richtig
   __ falsch

19 Eine Schädigung des Hippocampus beeinträchtigt zumeist das implizite, nicht aber das explizite Gedächtnis.
   __ richtig
   __ falsch

7.4 Antworten auf die Verständnisfragen

1 Das Gedächtnis kann definiert werden als die Fähigkeit, Informationen zu speichern und abzurufen.

2 Beim impliziten Gedächtnisgebrauch wird die Information verfügbar ohne bewusste Anstrengung. Beim expliziten Gedächtnisgebrauch hingegen bedarf es einer bewussten Anstrengung, um die Information wiederherzustellen.

3 Ihre Fertigkeit resultiert mehr aus dem prozeduralen Gedächtnis.

4 Wissenszusammenfügung bezeichnet den Prozess, längere Handlungssequenzen auszuführen, ohne dass das Bewusstsein eingreift. Wissenszusammenfügung resultiert aus Übung. Als Beispiel für diesen Prozess kann das Wählen einer Telefonnummer genommen werden. Anfangs muss man die Telefonnummer Ziffer für Ziffer gedanklich durchgehen. Mit der Zeit kann das Wählen der Telefonnummer als eine Einheit ausgeführt werden, sozusagen als schnelle Folge von Handlungen auf dem Nummernblock des Telefons.

5 Weil Sie Ihr Passwort zuvor enkodiert und gespeichert haben, liegt Ihr Problem wahrscheinlich im Abruf der Gedächtnisinhalte.

6 Vergleiche zwischen der Ganz- und Teilberichtsmethode deuten darauf hin, dass man für einen kurzen Augenblick Zugang zu allen Informationen eines Displays hat.

7 George Miller schlug die Zahl sieben (plus minus zwei) als die Zahl vor, welche die Gedächtnisleistung von Menschen charakterisiert, wenn sie sich Zufallsfolgen merken sollten. Tests wie z.B. die Wiedergabe von Zufallslisten von Zahlen, überschätzen jedoch die wahre Gedächtnisspanne, da Probanden auch noch andere Informationsquellen nutzen können, um die Aufgabe auszuführen. Unter Berücksichtigung dieser Quellen liegt die Kapazität des Kurzzeitgedächtnisses nur bei etwa drei bis fünf Items.

8 Chunking ist die Gruppierung von Items in bedeutungstragende Gruppen. Durch Chunking bleibt viel mehr Kapazität für andere Informationen übrig und somit vergrößert sich die Gedächtnisspanne deutlich.

9 Das Arbeitsgedächtnis umfasst die phonologische Schleife, den visuell-räumlichen Notizblock und die zentrale Exekutive.

10 Die zentrale Exekutive ist Teil des Arbeitsgedächtnisses nach Baddeley und ist für die Kontrolle der Aufmerksamkeit sowie für die Koordination von Informationen aus der phonologischen Schleife und dem räumlich-visuellen Notizblock zuständig.

11 Ein weitverbreitetes Maß, um die Kapazität des Arbeitsgedächtnisses zu messen, ist die Arbeitsgedächtnisspanne. Zur ihrer Bestimmung werden Probanden gebeten, eine Reihe von Sätzen laut zu lesen und anschließend die jeweils letzten Wörter der Sätze wiederzugeben. Die Anzahl der richtig reproduzierten Wörter entspricht der Arbeitsgedächtnisspanne.

12 Das Langzeitgedächtnis bezeichnet Gedächtnisinhalte, die oftmals ein Leben lang überdauern, und ist die „Lagerhalle" aller Erfahrungen, Ereignisse, Informationen, Emotionen, Fertigkeiten, Wörter, Kategorien, Regeln und Beurteilungen, die über das sensorische Gedächtnis und das Kurzzeitgedächtnis angeeignet wurden.

13 Als Hinweisreize beim Abruf dienen Stimuli, die bei der Suche nach einem bestimmten Gedächtnisinhalt verfügbar sind. Hinweisreize können von außen oder innen kommen. Zielsetzungen dienen häufig als Hinweisreize.

14 Das Wiedererkennen liefert im Allgemeinen mehr Hinweisreize.

15 Semantische Gedächtnisinhalte sind generische kategoriale Gedächtnisinhalte, wie beispielsweise die Bedeutung von Wörtern und Konzepten.

7.4 Antworten auf die Verständnisfragen

16 Der Grund für Ihre Unsicherheit beim Vortragen im Klassenzimmer könnte darin liegen, dass der Kontext des Abrufs (Klassenzimmer) nicht mit dem Kontext der Enkodierung (Strand) übereinstimmt. Dieser Effekt wird als Enkodierspezifität bezeichnet.

17 Dies wäre ein Beispiel für den Primacy-Effekt beim Serial Recall.

18 Der Recency-Effekt besagt, dass man sich z.B. beim Auswendiglernen einer Liste von Wörtern besser an das letzte Wort als an Wörter in der Mitte der Liste erinnert.

19 Die Theorie der Verarbeitungstiefe nimmt Folgendes an: Je tiefer Informationen verarbeitet wurden, desto wahrscheinlicher ist es, dass sie dem Langzeitgedächtnis überstellt werden.

20 Transferadäquate Verarbeitung geht davon aus, dass die Gedächtnisleistung am besten ist, wenn es eine große Übereinstimmung zwischen dem Enkodieren und dem Abruf gibt.

21 Diese Umstände geben ein Beispiel für retroaktive Interferenz, weil die neue Information es erschwert hat, sich an ältere Information zu erinnern.

22 Angefangen beim Wasserstoff würden Sie jedes Element mit einer Stelle entlang eines vertrauten Weges assoziieren.

23 Die Vertrautheit von Hinweisreizen (Hypothese der Vertrautheit von Hinweisreizen) und die Zugänglichkeit der Information, die mit dem Hinweisreiz zusammenhängt (Zugänglichkeitshypothese), tragen beide zum Gefühl des Wissens bei.

24 Konzepte sind die mentalen Repräsentationen der Kategorien, die wir bilden.

25 Die Familienähnlichkeit besagt, dass typische Kategoriezugehörige Eigenschaften besitzen, die sich mit vielen anderen in derselben Kategorie überschneiden.

26 Die Exemplartheorie geht davon aus, dass man neue Objekte kategorisiert, indem man sie mit den im Gedächtnis gespeicherten Beispielexemplaren vergleicht.

27 Bartlett definierte die Prozesse der Nivellierung (Vereinfachen der Geschichte), Akzentuierung (Hervorheben und Überbetonen bestimmter Details) und Assimilation (Ändern von Details, um eine bessere Übereinstimmung mit dem eigenen Hintergrund und Wissen zu erzielen).

28 Loftus und ihre Kollegen zeigten, dass man auch unkorrekte Informationen aus der Zeit nach dem Ereignis in seine Erinnerungen einschließt, wenn man sich an Ereignisse zu erinnern versucht.

29 Lashley schlussfolgerte auf der Basis seiner Experimente mit Ratten, denen er verschieden große Teile des Cortex entfernte, dass Engramme nicht in bestimmten Regionen existieren, sondern jeweils im ganzen Gehirn verteilt sind.

30 Die Forschung deutet darauf hin, dass wichtige Teile des impliziten Gedächtnisses (prozedurales Wissen) bei Menschen mit einer Amnesie des expliziten Gedächtnisses (deklaratives Wissen) oft verschont bleiben.

31 PET-Scans zeigen, dass verschiedene Hirnareale beim Enkodieren und Abrufen überproportional aktiv sind – der linke präfrontale Cortex beim Enkodieren und der rechte präfrontale Cortex beim Abrufen.

7.5 Antworten auf die Multiple-Choice-Fragen

1 b)

2 a)

3 b)

4 a), b), c)

5 a), c), d)

6 b), d)

7 b)

8 a)

9 b), c), e)

10 c), d)

11 b)

12 a)

13 b)

14 a), b)

15 b)

7.6 Richtig oder Falsch?

1 Richtig. Da Bezeichnungen von Objekten durch gezielte Aufmerksamkeitszuwendung gelernt werden, geht man davon aus, dass es sich um einen expliziten Gedächtnisprozess handelt.

2 Richtig. Das prozedurale Gedächtnis speichert, wie Dinge getan werden.

3 Falsch. Sobald man in der Lage ist, längere Handlungssequenzen auszuführen, ohne dass das Bewusstsein eingreift, hat man keinen bewussten Zugang mehr zum Inhalt dieser zusammengefügten Einheiten.

4 Richtig. Mentale Repräsentationen bewahren die wichtigsten Eigenschaften vergangener Erfahrungen, um es möglich zu machen, diese sich selbst zu repräsentieren (anderen z.B. von seinem Geburtstagsgeschenk zu erzählen oder es zu beschreiben).

5 Falsch. Speicherung erfordert sowohl kurzzeitige als auch langzeitige Veränderungen in Gehirnstrukturen (Beispiel: Gedächtnisamnesie).

6 Richtig. Menschen mit eidetischer Vorstellungskraft oder einem fotografischem Gedächtnis können sich an Details aus Bildern über eine sehr viel längere Zeitspanne hinweg erinnern. Es scheint, als ob sie immer noch auf eine Fotografie blicken würden.

7 Falsch. Das Enkodieren und nicht das Abrufen von Informationen im KZG kann durch Rehearsal und Chunking verbessert werden.

8 Richtig. Chunking ist ein Prozess der Rekonfiguration von Items, indem sie auf der Basis von Ähnlichkeit oder anderen Organisationsprinzipien gruppiert werden.

9 Richtig. Das Arbeitsgedächtnis ist für das Schlussfolgern, Sprachverstehen und für den Fluss der Gedanken und Handlungen von Moment zu Moment bereit.

10 Falsch. Ein Behaltensintervall ist die Zeitspanne, über die man sich Informationen im Gedächtnis behalten muss (= Zeit zwischen Enkodierung und Abruf).

11 Falsch. Abruf und Wiedererkennen sind zwei Tests zum expliziten Gedächtnis.

12 Richtig. Endel Tuving, ein kanadischer Psychologe, führte als Erster die Unterteilung des deklarativen Gedächtnisses ein.

13 Falsch. Episodische Gedächtnisinhalte bewahren individuelle und spezifische Ereignisse auf, die man persönlich erlebt hat.

14 Richtig. Jedes Mal, wenn etwas Neues begonnen wird, stellt die Tätigkeit einen neuen Kontext her. Somit sind Erfahrungen in diesem neuen Kontext leichter unterscheidbar.

15 Richtig. Um seine Hypothesen zu bestätigen, lernte Ebbinghaus durch mechanische Wiederholung sinnlose Silben so lange auswendig, bis er alle Items in der richtigen Reihenfolge aufsagen konnte. Anschließend lenkte er sich ab, indem er andere Listen von sinnlosen Silben auswendig lernte. Danach bestimmte er die Anzahl der Durchgänge, die er benötigte, um die Originalliste wiederzuerlernen. Benötigte er weniger Durchgänge beim Wiedererlernen, so wurde Lernaufwand gespart.

16 Richtig. Die Grundidee des elaborierenden Wiederholens ist, während des Wiederholens der Informationen diese zu elaborieren, um das Material für das Enkodieren reichhaltiger zu gestalten.

17 Falsch. Genau wie ein Prototyp den Durchschnitt aller Erfahrungen in einer Kategorie bildet, stellt ein Schema die durchschnittliche Erfahrung von Situationen in der Umwelt dar. Daher sind Schemata, ebenso wie Prototypen, nicht festgefügt, sondern ändern sich mit wechselnden Lebensereignissen.

18 Falsch. Die Forschung zeigt, dass die Erinnerungen von Zeugen durch andere Geschehnisse verzerrt werden können, da dieser neue Informationseingang in Wechselwirkung mit den ursprünglichen Erinnerungen stehen könnte. Somit kommt es häufig zu einem sogenannten Falschinformationseffekt.

19 Falsch. Da der Hippocampus weitgehend für das deklarative Gedächtnis von Fakten, Daten und Namen verantwortlich ist, wird bei seiner Schädigung das explizite Gedächtnis beeinträchtigt.

Kognitive Prozesse

8.1 Verständnisfragen 84
8.2 Multiple-Choice-Fragen 85
8.3 Richtig oder Falsch? 87
8.4 Antworten auf die Verständnisfragen 89
8.5 Antworten auf die Multiple-Choice-Fragen 91
8.6 Richtig oder Falsch? 92

8 Kognitive Prozesse

8.1 Verständnisfragen

1. Was war Donders Ziel, als er Probanden verschiedene experimentelle Aufgaben ausführen ließ?

2. Welcher Unterschied besteht zwischen seriellen und parallelen Prozessen?

3. Welche Arten von Prozessen erfordern gewöhnlich keine Aufmerksamkeitsressourcen?

4. KRITISCHES DENKEN: Wie könnten Sie bestätigen, dass die Paare „eins – zwei" und „eins – neun" einander in Hinsicht auf die physikalische Ähnlichkeit der Zahlwörter ungefähr gleichen?

5. Welche Beziehung besteht zwischen dem Kooperationsprinzip und dem Hörerbezug?

6. Welche drei Quellen von Hinweisen, auf die sich Urteile über einen gemeinsamen Wissenshintergrund gründen, nennt Clark?

7. Angenommen, Sie sollen „schicker Duft" und „langer Bart" sagen. Wieso ist es wahrscheinlicher, dass Sie bei einem Versprecher „dicker Schuft" als „banger Lart" sagen?

8. Warum ist es schwierig, sich an den genauen Wortlaut zu erinnern?

9. Wie können Sie Inferenzen in den Vorstellungen anderer Menschen entdecken?

10. Welche zwei sprachlichen Fähigkeiten unterscheiden Menschen von anderen Spezies?

11. Was besagt die Hypothese des linguistischen Relativismus?

12. KRITISCHES DENKEN: Warum haben die Experimentatoren in der Studie über Angehörige einer Gemeinschaft die Wahrzeichen dreier verschiedener Städte benutzt?

13. Wie ähnlich sind die Prozesse der physischen und der mentalen Rotation?

14. Was hat die Forschung über die Aktivität von Gehirnregionen beim Erzeugen visueller Vorstellungen ergeben?

15. Wenn Sie sich selbst in einer Szene vorstellen, kommt es dann darauf an, wo Sie sich in dem Raum platzieren?

16. KRITISCHES DENKEN: Warum war es bei dem Experiment zum Scannen mentaler Bilder wichtig, dass die Teilnehmer die Bilder vorher auswendig lernten?

17. Was wird beim Problemlösen als „Algorithmus" bezeichnet?

18. Wie untersucht man häufig die Schritte beim Problemlösen?

19. Was bedeutet es, eine funktionale Fixierung zu überwinden?

20. Was geschieht, wenn Menschen dem Effekt der glaubhaftigkeitsbasierten Urteilsneigung (Belief-bias Effect) unterliegen?

21 Was versteht man unter induktivem Schließen?

22 KRITISCHES DENKEN: Betrachten Sie das Experiment über die Grundlagen des Schlussfolgerns im Gehirn. Warum beurteilten die Probanden bei den induktiven Schlussfolgerungsaufgaben, ob die Schlussfolgerung wahrscheinlich richtig oder falsch und nicht absolut richtig oder falsch ist?

23 Was versteht man unter Urteilen?

24 Wieso verlassen sich Menschen auf Heuristiken, wenn sie Urteile abgeben?

25 Wann kommt es bei der Verwendung der Verfügbarkeitsheuristik zu Fehlern?

26 Mit welcher Heuristik könnten Sie die Frage beantworten, wie alt der älteste lebende Mensch ist?

27 Warum spielen Rahmungen eine so große Rolle in der Psychologie der Entscheidungsfindung?

28 Worin besteht der Unterschied zwischen Satisficers und Maximizers?

29 KRITISCHES DENKEN: Warum boten die Autoren der Studie über Repräsentativität den Teilnehmern 45 Dollar für die richtige Antwort?

8.2 Multiple-Choice-Fragen

1 Mit welchen höheren geistigen Funktionen befassen sich kognitive Psychologen?
   a. Intelligenz
   b. Wahrnehmung
   c. Aufmerksamkeit
   d. Gedächtnis
   e. Sprache
   f. Problemlösen

2 Aus welchen akademischen Fachrichtungen setzt sich die Kognitionswissenschaft unter anderem zusammen?
   a. Biologie
   b. Philosophie
   c. Neurowissenschaft
   d. Linguistik

3 Welche der folgenden Methoden helfen herauszufinden, ob Prozesse seriell oder parallel ablaufen?
   a. Reaktionszeitmessung
   b. Bestimmung des Ausmaßes beanspruchter geistiger Ressourcen
   c. Introspektion

Kognitive Prozesse

4 Welche mentalen Prozesse erfordern Aufmerksamkeit?
   a. automatische Prozesse
   b. kontrollierte Prozesse

5 Die unbegrenzte Anzahl von Bedeutungen, die ein Sprecher in einem Satz kommunizieren kann, heißt ...
   a. Satzbedeutung.
   b. Inhaltsbedeutung.
   c. Äußerungsbedeutung.

6 Die Grice'schen Maximen bei der Sprachproduktion sind ...
   a. Quantität.
   b. Relation.
   c. Direktheit.
   d. Art und Weise.
   e. Qualität.
   f. Mehrdeutigkeit.

7 Die Basiseinheiten für die Bedeutungsrepräsentation einer Äußerung oder eines Satzes nennt man ...
   a. Präpositionen.
   b. Propositionen.
   c. Postpositionen.

8 Die Nominalphrase besteht aus ...
   a. Verb und Nomen.
   b. Verb und Präposition.
   c. Artikel und Nomen.

9 Ein Problem ist definiert durch ...
   a. einen Anfangszustand.
   b. einen Zielzustand.
   c. eine Menge von Operatoren.
   d. die Unerreichbarkeit der Lösung.
   e. eine mentale Herausforderung.

10 Kognitive Strategien oder „Daumenregeln" sind ...
   a. Algorithmen.
   b. Heuristiken.
   c. Skripte.
   d. Inferenzen.

11 Funktionale Fixierung bezeichnet …
   a. eine geistige Blockade, die sich negativ auf die Problemlösung auswirkt, indem sie das Erkennen einer alten Funktion eines Objekts hemmt, weil es mit einer neuen Funktion assoziiert wird.
   b. eine geistige Blockade, die sich negativ auf die Problemlösung auswirkt, indem sie das Erkennen einer neuartigen Funktion eines Objekts hemmt, da es mit einer anderen Funktion assoziiert ist.
   c. ein geistiges Hilfsmittel, welches sich positiv auf die Problemlösung auswirkt, indem es das Erkennen einer neuartigen Funktion eines Objekts fixiert, das zuvor mit einer anderen Funktion assoziiert war.

12 Welche Heuristiken gibt es bei der Urteilsbildung?
   a. Ankerheuristik
   b. Repräsentativitätsheuristik
   c. Zugangsheuristik
   d. Verfügbarkeitsheuristik

13 Welche Heuristik beschreibt den Kern des induktiven Schließens?
   a. Ankerheuristik
   b. Repräsentativitätsheuristik
   c. Verfügbarkeitsheuristik
   d. Zugangsheuristik

8.3 Richtig oder Falsch?

1 Bei der Messung mentaler Prozesse unterscheidet man zwischen Reizkategorisierung und Reaktionsauswahl.
   __ richtig
   __ falsch

2 Die Verarbeitungsressourcen für mentale Aufgaben sind beim Menschen nahezu unbegrenzt.
   __ richtig
   __ falsch

3 Automatische Prozesse sind nicht so sehr auf den effizienten Gebrauch des Gedächtnisses angewiesen.
   __ richtig
   __ falsch

4 Mit Audience Design ist die Berücksichtigung der hörerseitigen Merkmale angesprochen.
   __ richtig
   __ falsch

5 Die Maxime der Qualität besagt, dass man seinen Beitrag so informativ wie für die gegebenen Gesprächszwecke nötig gestalten sollte.

__ richtig
__ falsch

6 Desambiguierung bedeutet das Mehrdeutig-Machen von Eindeutigem.

__ richtig
__ falsch

7 Der linguistische Determinismus behauptet einen starken kausalen Effekt des Denkens auf die Sprache.

__ richtig
__ falsch

8 Ein Algorithmus ist ein schrittweises Verfahren, das bei einem bestimmten Problemtyp immer die richtige Lösung liefert.

__ richtig
__ falsch

9 Deduktives Schließen ist, wenn die Schlussfolgerung auf Wahrscheinlichkeiten beruht und nicht auf logischer Gewissheit.

__ richtig
__ falsch

10 Analoges Problemlösen ist ein Beispiel für induktives Schließen.

__ richtig
__ falsch

11 Eine mentale Voreinstellung erhöht immer die Qualität und Geschwindigkeit der Wahrnehmung und des Problemlösens.

__ richtig
__ falsch

12 Die Forschung legt nahe, dass das Gehirn induktives und deduktives Schlussfolgern genau trennt.

__ richtig
__ falsch

13 Bei der Ankerheuristik ist das Schätzurteil stark an die ursprüngliche Schätzung gebunden.

__ richtig
__ falsch

14 Entscheidungsaversion heißt, dass man alles daran setzt, um jegliche Entscheidung zu vermeiden.

__ richtig
__ falsch

8.4 Antworten auf die Verständnisfragen

1 Donders Ziel war, die Geschwindigkeit der mentalen Prozesse durch das Entwickeln von Aufgaben zu bestimmen, die sich nur bei spezifischen Prozessen voneinander unterschieden.

2 Serielle Prozesse finden nacheinander statt; parallele Prozesse überschneiden einander zeitlich.

3 Automatische Prozesse benötigen normalerweise keine Aufmerksamkeit. Sie können häufig neben anderen Aufgaben ausgeführt werden, ohne dass es zu Interferenzen kommt.

4 KRITISCHES DENKEN: Die physikalische Ähnlichkeit der Zahlwörter könnte man untersuchen, in dem man Wörter (z.B. Baum, Haus) und Zahlwörter (eins bis neun) in randomisierter Reihenfolge zeigt. Die Probanden müssen bei einem Zahlwort die linke und bei einem Nichtzahlwort die rechte Pfeiltaste drücken. Wenn sich die Reaktionszeiten zwischen den Zahlwörtern eins, zwei und neun nicht signifikant unterscheiden, kann davon ausgegangen werden, dass sich die Zahlwörter hinsichtlich ihrer physikalischer Ähnlichkeit ungefähr gleichen.

5 Das Kooperationsprinzip benennt einige der Dimensionen, an die sich Sprecher halten sollten, wenn sie eine Äußerung an einen bestimmten Hörer richten.

6 Clark nennt Gruppenmitgliedschaft (gemeinsamer Wissenshintergrund auf der Basis gemeinsamer Mitgliedschaft in Gruppen unterschiedlicher Größen, wie z.B. Familie, Freundeskreis, Kultur), sprachliche Kopräsenz (Handlungen oder Ereignisse von früheren Abschnitten eines Gesprächs führen zum gemeinsamen Wissenshintergrund) und physische Kopräsenz (gemeinsamer Wissenshintergrund auf der Basis der unmittelbaren Gegenwart von Objekten oder Situationen).

7 Spoonerismen werden wahrscheinlicher, wenn die Verwechslung wieder je ein in der Sprache bestehendes Wort ergibt.

8 Da die wichtigsten Funktionen der sprachlichen Verstehensprozesse darin bestehen, Propositionen zu extrahieren, geht die exakte Form, aus der diese Propositionen gewonnen wurden, relativ schnell verloren.

9 Wenn Repräsentationen mehr Informationen als die von einem Text bereitgestellten Propositionen enthalten, kann man daraus schließen, dass enkodierte Inferenzen vorliegen.

10 Menschen können Äußerungen mit komplexer grammatischer Struktur hervorbringen und verstehen; Menschen können Audience Design betreiben, also die Äußerung dem Publikum anpassen.

11 Die Hypothese des linguistischen Relativismus besagt, dass die Struktur der Sprache eines Menschen seine Weltsicht prägt.

12 KRITISCHES DENKEN: Die Experimentatoren benutzten die Wahrzeichen dreier verschiedener Städte, weil sich diese gut eigneten, um die Gruppenmitgliedschaft darzustellen. Menschen können innerhalb ihrer eigenen Gruppe gut einschätzen, was andere Mitglieder derselben Gruppe wissen.

13 Die gleichmäßige Geschwindigkeit der mentalen Rotation legt nahe, dass dieser Vorgang dem der physischen Rotation sehr ähnlich ist.

14 Hirnforschung mit bildgebenden Verfahren deutet auf eine starke Überschneidung von Hirnregionen hin, die für die Wahrnehmung und die Bildung visueller Vorstellungen genutzt werden.

15 Die Forschung zeigt, dass es leichter anzugeben ist, was sich in der vorgestellten Szenerie vor einem befindet, als was sich hinter einem befindet.

16 KRITISCHES DENKEN: Das Ziel des Experiments war es, zu beweisen, dass die Verwendung mentaler Bilder viel mit den Eigenschaften der echten visuellen Wahrnehmung gemeinsam hat. Die Teilnehmer mussten sich die Bilder komplexer Objekte erst einprägen, damit sie nachher Fragen zu den Bildern beantworten konnten. Um die Fragen zu dem Bild richtig beantworten zu können, mussten die Probanden das abgespeicherte Bild scannen oder durchsuchen. Je näher sich ein Objekt in dem Bereich befand, auf den sich die Probanden spezialisieren sollten, desto kürzer war die Reaktionszeit, um zu entscheiden, ob das Objekt auf dem Bild vorhanden war oder nicht.

17 Ein Algorithmus ist eine Schritt-für-Schritt-Prozedur, die eine korrekte Lösung für eine bestimmte Art von Problem garantiert.

18 Die Schritte beim Problemlösen haben Forscher häufig mit der Methode des lauten Denkens untersucht. Bei diesem Verfahren verbalisieren die Probanden ihre Gedanken fortlaufend.

19 Sie haben eine funktionale Fixierung überwunden, wenn Sie fähig sind, eine neue Funktion für ein Objekt zu finden, das Sie zuvor mit einem anderen Zweck assoziiert haben.

20 Wenn Menschen dem Effekt der glaubhaftigkeitsbasierten Urteilsneigung unterliegen, dann bewerten sie Schlussfolgerungen aufgrund ihrer Glaubhaftigkeit in der Wirklichkeit statt nach ihrer logischen Beziehung zu Prämissen.

21 Induktives Schließen ist eine Form des logischen Schließens, bei der mithilfe verfügbarer Anhaltspunkte wahrscheinliche, aber nicht sichere Schlussfolgerungen erzeugt werden.

22 KRITISCHES DENKEN: Die Probanden beurteilten bei den induktiven Schlussfolgerungsaufgaben, ob die Schlussfolgerung wahrscheinlich richtig oder falsch und nicht absolut richtig oder falsch ist, weil die Art von Aufgaben, bei denen die Probanden induktiv schließen mussten, Prämissen vorgaben, deren Schlussfolgerungen unsicher blieben. Deshalb konnten die Probanden nur Wahrscheinlichkeitsaussagen und keine absoluten Aussagen treffen.

23 Urteilen ist der Prozess, in dessen Verlauf wir Meinungen bilden, zu Schlussfolgerungen gelangen und Ereignisse und Menschen kritisch bewerten.

24 Heuristiken liefern abgekürzte Verfahren für häufige und schnelle Beurteilungen.

25 Zu Fehlern kommt es dann, wenn die Gedächtnisprozesse zu einer verzerrten Informationsstichprobe führen oder die im Gedächtnis gespeicherte Information nicht akkurat ist.

26 Wahrscheinlich würden Sie die Ankerheuristik benutzen – Sie starten mit einem plausiblen Ankerwert (z.B. 100 Jahre alt) und passen diesen an.

27 Rahmungen spielen eine große Rolle, weil sie beispielsweise festlegen, ob Menschen an die Gewinne oder Verluste denken, die mit bestimmten Umständen jeweils verbunden sind.

28 Bei der Entscheidungsfindung wählen Satisficers oft die erste Option, die gut genug ist; Maximizers wägen stetig Möglichkeiten ab und versuchen, die absolut beste zu finden.

29 KRITISCHES DENKEN: Die Autoren der Studie über die Repräsentativität boten den Teilnehmern 45 Dollar für die richtige Antwort an, um den Probanden einen zusätzlichen Anreiz zu geben, die Struktur aller Alternativen zu betrachten und zu berücksichtigen, anstelle die Antwort zu wählen, welche auf den ersten Blick am sinnvollsten erschien.

8.5 Antworten auf die Multiple-Choice-Fragen

1 a), b), c), d), e), f)

2 b), c), d)

3 a), b)

4 b)

5 c)

6 a), b), d), e)

7 b)

8 c)

9 a), b), c)

10 b)

11 b)

12 a), b), d)

13 b)

8.6 Richtig oder Falsch?

1 Richtig. Bei Donders Untersuchungen zu mentalen Prozessen sollten die Probanden beispielsweise bei einer Aufgabe ein V über alle groß geschriebenen Vokale und ein C über alle groß geschriebenen Konsonanten schreiben. Beim Durchlesen findet zunächst eine Reizkategorisierung (Vokal oder Konsonant?) und dann eine Reaktionsauswahl (ein C oder ein V schreiben?) statt.

2 Falsch. Es wird angenommen, dass die Verarbeitungsressourcen begrenzt sind. Sie müssen auf verschiedene mentale Aufgaben verteilt werden. Die Verteilung erfolgt durch Aufmerksamkeitsprozesse.

3 Falsch. Wie beispielsweise die Zahlenaufgabe gezeigt hat, sind automatische Prozesse stark auf den effizienten Gebrauch des Gedächtnisses angewiesen.

4 Richtig. Beim Produzieren einer Äußerung muss man immer daran denken, an welche Hörerschaft die Äußerung gerichtet ist und welches Wissen man bei den Zuhörern voraussetzen kann. Diese Berücksichtigung der hörerseitigen Merkmale wird in Anlehnung an Clark Audience Design genannt.

5 Falsch. Die Maxime der Qualität besagt, dass man den Wahrheitsgehalt seines Beitrags sichern und nichts sagen sollte, wofür angemessene Gründe fehlen.

6 Falsch. Disambiguierung bedeutet das Eindeutig-Machen von Mehrdeutigem.

7 Falsch. Der linguistische Determinismus bezeichnet die Hypothese, dass Sprache die Wahrnehmung und das Denken steuert und kontrolliert.

8 Richtig. Beispielsweise kann x^2+x-12 durch den korrekten Einsatz von algebraischen Regeln richtig gelöst werden.

9 Falsch. Das deduktive Schließen bezieht sich auf die korrekte Anwendung logischer Regeln.

10 Richtig. Beim analogen Problemlösen stellt man eine Analogie zwischen den Merkmalen der aktuellen Situation und den Merkmalen vorangegangener Situationen her.

11 Falsch. Eine mentale Voreinstellung ist ein schon bestehender Zustand des Geistes, der Gewohnheit oder der Werthaltung, der unter bestimmten Bedingungen die Qualität und Geschwindigkeit der Wahrnehmung und des Problemlösens erhöhen kann. Dieselbe Voreinstellung kann die Qualität der Geistestätigkeit jedoch auch hemmen oder trüben, und zwar immer dann, wenn die alten Wege des Denkens und Handelns in neuen Situationen nicht mehr produktiv sind.

12 Richtig. Bei deduktivem Schließen zeigte sich eine relativ größere Aktivität in den Strukturen der rechten Hirnhälfte. Bei induktivem Schließen zeigte sich eine verstärkte Aktivität in den Bereichen der linken Hirnhälfte.

13 Richtig. Ankerheuristik bezeichnet die Urteilsfindung auf der Einschätzung der Wahrscheinlichkeit eines Ereignisses oder Ergebnisses auf der Grundlage eines Ausgangswertes.

14 Richtig. Entscheidungsaversion heißt, dass man sich sehr viel Mühe gibt, um jegliche Entscheidung zu vermeiden. Die Möglichkeit des (nachträglichen) Bedauerns könnte ein Grund für Entscheidungsaversion sein.

Intelligenz und Intelligenzdiagnostik

9.1 Verständnisfragen 94
9.2 Multiple-Choice-Fragen 95
9.3 Richtig oder Falsch? 97
9.4 Antworten auf die Verständnisfragen 99
9.5 Antworten auf die Multiple-Choice-Fragen 102
9.6 Richtig oder Falsch? 102

9 Intelligenz und Intelligenzdiagnostik

9.1 Verständnisfragen

1. Welche übergreifenden Ideen trug Sir Francis Galton zur Erforschung der Intelligenz bei?
2. Was propagierte die Eugenik-Bewegung?
3. Was ist mit Testhalbierungsreliabilität gemeint?
4. Was ist der Vorteil bei der Parallelform gegenüber der Retestreliabilität?
5. Wie könnte die Forschung bestimmen, ob ein Maß Vorhersagevalidität hat?
6. Warum ist es wichtig, Normen für Maße aufzustellen?
7. Was versteht man unter Standardisierung?
8. KRITISCHES DENKEN: Erinnern Sie sich an die Studie über die Psychiatriepatienten. Was könnten die Psychiater tun, um den Zweck des Tests zu verschleiern?
9. Welche Maße wurden ursprünglich zur Berechnung des Intelligenzquotienten benutzt?
10. Welche zwei Arten von Untertests erscheinen im Intelligenztest HAWIE-R?
11. Wie hat sich die Diagnostik der geistigen Behinderung in den letzten 20 Jahren verändert?
12. Durch welche Dimensionen wird Hochbegabung in der „Drei-Kreis"-Konzeption definiert?
13. Mit welchem Gebiet befasst sich die Psychometrie?
14. Warum glaubte Spearman an den g-Faktor, die allgemeine Intelligenz?
15. Welche drei Arten von Intelligenz postuliert Sternbergs triarchische Theorie?
16. Was versteht man unter der analytischen Intelligenz?
17. Welche Art von Intelligenz könnte in Gardners Theorie darüber bestimmen, ob jemand ein erfolgreicher Bildhauer werden könnte?
18. KRITISCHES DENKEN: Warum ist es in der Studie, die emotionale Intelligenz mit Wohlbefinden im Alltagsleben in Beziehung setzt, wichtig, den Erfolg der Probanden von ihren Vorgesetzten beurteilen zu lassen?
19. Unter welchen Umständen begannen Goddard und andere mit IQ-Vergleichen zwischen Gruppen?
20. Warum ist es unangebracht, mit Erblichkeitsschätzungen Behauptungen über Rassenunterschiede beim IQ aufzustellen?
21. Welche Lebensumstände werden von Vorschulbetreuung (Stichwort High/Scope-Perry-Programm) beeinflusst?
22. Was ergab Harold Stevensons Forschung über interkulturelle Betrachtungen akademischer Erfolge?

23 KRITISCHES DENKEN: Erinnern Sie sich an die Studie über Bedrohung durch Stereotype. Wie können lebensnahe Testbedingungen Stereotype relevant erscheinen lassen?

24 Was versteht man unter Kreativität?

25 Wie wird Kreativität gemessen?

26 Welche Beziehung besteht zwischen dem IQ und Kreativität?

27 Welche drei Faktoren scheinen eine Rolle bei außergewöhnlicher Kreativität zu spielen?

28 Warum könnten diagnostische Bewertungen negative Folgen für bestimmte Gruppen von Menschen haben?

29 Warum könnte Diagnostik eine Rolle in der Gestaltung schulischer Erziehung spielen?

30 Warum könnten Testergebnisse zu Etiketten werden, die weitreichende Folgen haben?

9.2 Multiple-Choice-Fragen

1 Galton gilt als Vater der …

   a. Eugen-Bewegung.

   b. Eurythmie-Bewegung.

   c. Eugenik-Bewegung.

2 Welchen Anforderungen muss ein Verfahren der formalen Diagnostik genügen? Es muss … sein.

   a. valide

   b. optimiert

   c. standardisiert

   d. effektiv

   e. reliabel

3 Um sicherzugehen, dass der Geldzählautomat richtig funktioniert, legen Sie Ihre Geldscheine zweimal in das Geldfach, um sie zählen zu lassen. Sowohl nach der ersten als auch nach der zweiten Zählung kommt der Automat zu demselben Ergebnis. Somit kann davon ausgegangen werden, dass der Geldzählautomat … ist.

   a. valide

   b. standardisiert

   c. objektiviert

   d. reliabel

4 Welche der folgenden Methoden kann man benutzen, um die Reliabilität eines Tests zu untersuchen?

 a. Retestreliabilität

 b. interne Konsistenz der Antworten

 c. Parallelform

 d. Senkrechtform

 e. Testhalbierungsreliabilität

 f. Konstruktreliabilität

5 Welches Gütekriterium steht für das Ausmaß, mit der ein Test das misst, was er messen soll?

 a. Validität

 b. Reliabilität

 c. Objektivität

 d. Standardisierung

6 Welche Arten von Validitäten gibt es?

 a. Konstruktionsvalidität

 b. Kriteriumsvalidität

 c. Wahrscheinlichkeitsvalidität

 d. Augenscheinvalidität

 e. Konstruktvalidität

7 Das Maß des Intelligenzalters bezeichnet ...

 a. das Durchschnittsalter, in dem normale Kinder einen bestimmten Punktwert erreichen.

 b. das Lebensalter, in dem normale Kinder einen bestimmten Punktwert erreichen.

8 Welche IQs ermittelt der HAWIE?

 a. Gesamt-IQ

 b. Verbal-IQ

 c. Handlungs-IQ

 d. Emotions-IQ

 e. Sozial-IQ

9 Welche Intelligenz umfasst das Wissen, das eine Person erworben hat, sowie die Fähigkeit, auf dieses Wissen zuzugreifen?

 a. g-Faktor

 b. fluide Intelligenz

 c. kristalline Intelligenz

10 Welche Eigenschaften von Intelligenzaufgaben spezifiziert J.P. Guilford in seinem Intelligenzstrukturmodell?

a. Inhalt
b. Produkt
c. Schwierigkeitsgrad
d. Operation

11 Welche Hauptkomponenten umfasst die emotionale Intelligenz?

a. Die Fähigkeit Emotionen genau und angemessen wahrzunehmen, einzuschätzen und auszudrücken.
b. Die Fähigkeit, Emotionen zur Unterstützung von Denkvorgängen einzusetzen.
c. Die Fähigkeit, Emotionen zu verstehen und zu analysieren und emotionales Wissen effektiv einzusetzen.
d. Die Fähigkeit, die eigenen Emotionen zu regulieren, um emotionales sowie intellektuelles Wachstum zu fördern.

12 Welche Intelligenz spiegelt sich in der praktischen Koordination von Alltagsanforderungen wider?

a. erfahrungsbasierte Intelligenz
b. komponenzielle Intelligenz
c. kontextuelle Intelligenz

13 Im Zusammenhang mit Intelligenztests steht die Bedrohung durch Stereotype dafür, dass ...

a. man ein negatives Stereotyp über die eigene Gruppe widerlegen könnte.
b. man ein positives Stereotyp über die eigene Gruppe bestätigen könnte.
c. man ein negatives Stereotyp über die eigene Gruppe bestätigen könnte.

14 Anhand welcher Dimensionen wird Kreativität bewertet?

a. Einzigartigkeit
b. Ungewöhnlichkeit
c. Flüssigkeit
d. Schnelligkeit

9.3 Richtig oder Falsch?

1 Psychologische Diagnostik wird oft als die Messung intraindividueller Unterschiede bezeichnet.

_ richtig
_ falsch

2 Retestreliabilität ist eine einfache Möglichkeit, um die Reliabilität eines Tests zu ermitteln.

_ richtig
_ falsch

3 Ein Test besitzt Kriteriumsvalidität, wenn sich Testitems direkt auf das untersuchte Merkmal zu beziehen scheinen.
 __ richtig
 __ falsch

4 Es ist durchaus möglich, dass ein Test hoch reliabel und gleichzeitig nicht valide ist.
 __ richtig
 __ falsch

5 Die Art und Weise, in der Theoretiker Intelligenz und höhere kognitive Funktionen konzeptualisieren, übt starken Einfluss auf die Art und Weise aus, in der sie versuchen, die Intelligenz zu messen.
 __ richtig
 __ falsch

6 Menschen, deren IQ-Wert über 130 liegt, werden als hochbegabt bezeichnet.
 __ richtig
 __ falsch

7 Die Faktorenanalyse ist keine Technik der Psychometrie.
 __ richtig
 __ falsch

8 Fluide Intelligenz befähigt einen Menschen dazu, gut mit den wiederkehrenden und konkreten Herausforderungen des Lebens fertig zu werden.
 __ richtig
 __ falsch

9 Die Auswahl von Strategien erfordert metakognitive Komponenten, ihre Ausführung erfordert Performanzkomponenten.
 __ richtig
 __ falsch

10 Kreative Intelligenz spiegelt sich in der Koordination von Alltagsanforderungen wieder. Sie umfasst die Fähigkeit, sich an neue und veränderte Umstände anzupassen, geeignete Umstände zu identifizieren und die Umwelt bedürfnisgerecht zu gestalten.
 __ richtig
 __ falsch

11 Eine Hauptkomponente der emotionalen Intelligenz ist die Fähigkeit, die eigenen Emotionen zu regulieren, um emotionales sowie intellektuelles Wachstum zu fördern.
 __ richtig
 __ falsch

12 Erblichkeitsschätzungen basieren auf Schätzungen innerhalb einer Gruppe. Sie können nicht zur Interpretation von Gruppenunterschieden herangezogen werden.
   _ richtig
   _ falsch

13 Die persönliche Aufmerksamkeit, die Kindern zuteil wird, kann ihre Intelligenz beeinflussen.
   _ richtig
   _ falsch

14 Forschungsarbeiten zeigen, dass IQ-Werte keine validen Prädiktoren für Schulnoten von der ersten Klasse bis zur Universität sowie für den beruflichen Status und die Leistung bei vielen Tätigkeiten sind.
   _ richtig
   _ falsch

9.4 Antworten auf die Verständnisfragen

1 Galton stellte vier wichtige Postulate zur Intelligenzdiagnostik auf: 1. Intelligenzunterschiede sind quantifizierbar als unterschiedliche Grade von Intelligenz. 2. Die Unterschiede zwischen den Personen sind normalverteilt. 3. Intelligenz oder mentale Fähigkeit kann durch objektive Testverfahren gemessen werden. 4. Durch statistische Verfahren (Korrelation) kann bestimmt werden, in welchem Ausmaß zwei Mengen von Testergebnissen zueinander in Beziehung stehen.

2 Die Eugenik-Bewegung propagierte eine Verbesserung einer bestimmten menschlichen Rasse durch die Anwendung der Evolutionstheorie. Demzufolge sollte die Paarung „biologisch überlegener" Menschen gefördert werden und „biologisch minderwertige" Menschen sollten daran gehindert werden, Kinder zu haben.

3 Um die Testhalbierungsreliabilität zu messen, teilt man einen Test in zwei Hälften. Ein Test mit hoher Testhalbierungsreliabilität ergibt in beiden Hälften das gleiche Ergebnis.

4 Die Parallelform reduziert die Einflüsse der Übung im Umgang mit den Fragen, des Erinnerns der Testfragen und des Bedürfnisses der Probanden, bei gleichen Tests konsistent erscheinen zu wollen.

5 Der Forscher sollte untersuchen, ob die Werte dieses Maßes zutreffende Vorhersagen relevanter zukünftiger Ergebnisse ermöglichen. Wenn ein Test beispielsweise Erfolg im Studium vorhersagen soll, wären die während des Studiums erzielten Noten ein geeignetes Kriterium.

6 Mithilfe von Normen können Forscher die Werte einzelner Menschen im Kontext der Werte einer größeren Bevölkerungsgruppe interpretieren und vergleichen.

7 Standardisierung heißt, ein Testinstrument bei allen Personen in gleicher Weise und unter denselben Bedingungen anzuwenden.

8 KRITISCHES DENKEN: Die Psychiater könnten vorgeben, dass sie ein neues Medikament testen wollen und dafür noch Probanden suchen, die für diese Studie geeignet wären. In diesem Zusammenhang, könnten sie die Patienten nach einer Selbsteinschätzung fragen, ohne dass der Eindruck erweckt wird, es ginge um eine mögliche Beurteilung bezüglich ihrer Entlassung.

9 Der IQ wurde ursprünglich nach der Formel „Intelligenzalter geteilt durch Lebensalter (x 100)" gemessen.

10 Der HAWIE-R umfasst gegenwärtig Untertests, die den verbalen IQ und den Handlungs-IQ messen.

11 Die Diagnose geistiger Behinderung konzentriert sich jetzt sowohl auf den IQ als auch auf die adaptiven Fertigkeiten.

12 Die drei Dimensionen sind Fähigkeit, Kreativität und Zielstrebigkeit.

13 Die Psychometrie befasst sich mit dem Testen mentaler Fähigkeiten. Dies umfasst die Persönlichkeitsdiagnostik, Intelligenzdiagnostik und Eignungsprüfungen.

14 Weil Spearman zeigte, dass die Ergebnisse von Menschen bei verschiedenen Intelligenztests jeweils stark miteinander korrelieren, ging er davon aus, dass es einen Faktor „allgemeine Intelligenz" gibt.

15 Sternberg schlug vor, die Intelligenz in analytische, kreative und praktische Intelligenz einzuteilen.

16 Die analytische Intelligenz liefert die grundlegenden informationsverarbeitenden Fähigkeiten, mit denen man die Aufgaben des Alltags bewältigt.

17 Gardner definierte „räumliche" Intelligenz als die Fähigkeit, die visuell-räumliche Welt wahrzunehmen und die eigenen anfänglichen Wahrnehmungen umzuformen – diese Fähigkeiten sind für die Bildhauerei relevant.

18 KRITISCHES DENKEN: Es war wichtig, die Probanden von ihren Vorgesetzten beurteilen zu lassen, weil dies eine relativ unabhängige Größe ist zur Erfassung der Arbeitsqualität der Probanden. Mithilfe dieser Beurteilung kann eine Korrelation zum emotionalen Intelligenzquotienten und der Arbeitsleistung hergestellt werden.

19 Goddard schlug vor, IQ-Tests einzusetzen, um bestimmte Einwanderer als geistig minderwertig auszugrenzen.

20 Erblichkeitsschätzungen beziehen sich nur auf den Mittelwert innerhalb einer Gruppe von Personen. Sie lassen keinen Vergleich zwischen verschiedenen Menschengruppen zu.

21 Die Forschung hat gezeigt, dass Menschen, die hochwertige Vorschulkurse durchlaufen, höhere gemessene IQs erreichen, mit höherer Wahrscheinlichkeit den High-School-Abschluss schaffen und besser bezahlte Jobs bekommen.

22 Menschen in den Vereinigten Staaten gingen eher von der Überlegenheit des Effekts angeborener Fähigkeiten über den harter Arbeit aus. Bei Asiaten war dies umgekehrt – sie betonten den Fleiß.

23 KRITISCHES DENKEN: In unterschiedlichen Studien, in welchen es um die Bearbeitung von Aufgaben ging, die zunächst keine Unterschiede zwischen Menschenrassen bzw. Geschlechtern produzierte, erhielten die Probanden Informationen, die Stereotype (z.B. Geschlechterunterschiede) beschrieben. Nur bei den Aufgaben, in welchen diese Information über Stereotype gegeben wurden, bestätigten sich die Vorurteile tatsächlich, während sich bei den Testergebnissen, bei welchen die Probanden diese Information vorab nicht erhielten, keine Unterschiede zwischen Rassen bzw. Geschlechtern zeigten.

24 Kreativität ist die Fähigkeit einer Person, neue Ideen und Produkte hervorzubringen, die den Umständen, unter denen sie geschaffen werden, angemessen sind.

25 Kreativität wird oft mit Tests gemessen, die divergentes Denken feststellen – die Fähigkeit, eine Reihe ungewöhnlicher Lösungen zu einem Problem zu finden.

26 Unterhalb eines IQ von 120 gibt es eine moderate Korrelation zwischen dem IQ und der Kreativität; jenseits von 120 verschwindet die Korrelation. Dies deutet darauf hin, dass ein gewisses Maß an Intelligenz einer Person die Gelegenheit gibt, kreativ zu sein, aber die Person nutzt diese Gelegenheit möglicherweise nicht.

27 Die Forschung legt nahe, dass Menschen, die außergewöhnlich kreativ sind, oft Risiken eingehen, sich in ihre Fachgebiete intensiv einarbeiten und über eine intrinsische Motivation verfügen.

28 Wenn Angehörige bestimmter Gruppen in Tests allgemein schlechter abschneiden, könnte dieses Muster die Chancengleichheit bei Bewerbungen beeinträchtigen.

29 In vielen Schulbezirken basieren Fördermaßnahmen auf Testergebnissen – was die Lehrer zwingt, nur Stoff zu behandeln, der in Tests abgefragt wird.

30 Wenn Tests unflexibel eingesetzt werden, um Menschen auf bestimmte akademische oder soziale Laufbahnen festzulegen, können diese „Etikettierungen" schwerwiegende Konsequenzen haben.

9.5 Antworten auf die Multiple-Choice-Fragen

1 c)

2 a), c), e)

3 d)

4 a), b), c), e)

5 a)

6 b), d), e)

7 a)

8 a), b), c)

9 c)

10 a), b), d)

11 a), b), c), d)

12 c)

13 c)

14 a), b), c)

9.6 Richtig oder Falsch?

1 Falsch. Psychologische Diagnostik wird oft als die Messung interindividueller Unterschiede bezeichnet, weil die meisten Beurteilungen angeben, inwiefern sich eine Person in Bezug auf eine bestimmte Dimension von anderen Personen unterscheidet oder ihnen gleicht.

2 Richtig. Retestreliabilität beschreibt ein Maß der Korrelation zwischen zwei Testwerten derselben Person im selben Test, der zu unterschiedlichen Zeitpunkten durchgeführt wurde.

3 Falsch. Ein Test besitzt Augenscheinvalidität, wenn sich Testitems direkt auf das untersuchte Merkmal zu beziehen scheint. Um die Kriteriumsvalidität eines Tests zu ermitteln, vergleicht man die Testergebnisse einer Person mit ihrem Abschneiden bei einer anderen Vergleichsgröße oder einem Kriterium, das mit dem testrelevanten Merkmal in Beziehung steht.

4 Richtig. Ein Test kann hoch reliabel sein und gleichzeitig nicht valide. Umgekehrt können allerdings nicht reliable Tests nie valide sein.

5 Richtig. Da Intelligenz eine große Spanne an Fähigkeiten beschreibt, gibt es Kontroversen darüber, wie Intelligenz und höhere kognitive Funktionen konzeptualisiert werden sollten. Einige Psychologen glauben, dass menschliche Intelligenz auf einen einzigen Wert reduziert werden kann. Andere behaupten, dass Intelligenz viele Komponenten hat, die einzeln erfasst werden sollten. Wieder andere sind der Ansicht, es gäbe mehrere unterscheidbare Arten von Intelligenz über die unterschiedlichen Lebensbereiche hinweg.

6 Richtig. Menschen werden gewöhnlich als hochbegabt bezeichnet, wenn ihr IQ mehr als 130 beträgt. Allerdings haben Forscher zu bedenken gegeben, dass der Begriff der Hochbegabung möglicherweise nicht ausschließlich über den IQ definiert werden kann.

7 Falsch. Die Faktorenanalyse ist die am häufigsten verwendete Technik. Sie beschreibt ein statistisches Verfahren, das eine kleinere Zahl von Faktoren aus einer größeren Menge unabhängiger Variablen extrahiert. Das Ziel dieser Methode ist es, die grundlegenden psychologischen Dimensionen des untersuchten Konstrukts zu identifizieren.

8 Falsch. Fluide Intelligenz befähigt einen Menschen dazu, neue und abstrakte Probleme in Angriff zu nehmen.

9 Richtig. Bei der Informationsverarbeitung sind die Ausführungskomponenten (Performanzkomponenten) für Strategien und Techniken des Problemlösens und metakognitive Komponenten zur Auswahl von Strategien und Überwachung von Fortschritten auf die Lösung hin entscheidend.

10 Falsch. Kreative Intelligenz erfasst die Fähigkeit, mit zwei Extremen umzugehen: neue Aufgaben versus Routineaufgaben.

11 Richtig. Die Fähigkeit, die eigenen Emotionen zu regulieren, um emotionales sowie intellektuelles Wachstum zu fördern, ist eine der vier Hauptkomponenten der emotionalen Intelligenz.

12 Richtig. Da Erblichkeitsschätzungen auf Schätzungen innerhalb einer Gruppe basieren, können sie nicht zur Interpretation von Gruppenunterschieden herangezogen werden.

13 Richtig. Wenn Eltern wenig Zeit und Energie haben, mit ihren Kindern zu spielen oder sie intellektuell zu stimulieren, dann wirkt sich das nachteilig auf die Leistung der Kinder bei Aufgaben wie IQ-Tests aus.

14 Falsch. Umfangreiche Forschungsarbeiten zeigen, dass IQ-Werte valide Prädiktoren für Schulnoten von der ersten Klasse bis zur Universität, für den beruflichen Status und die Leistung bei vielen Tätigkeiten sind. Diese Ergebnismuster legen nahe, dass IQ-Tests in valider Weise geistige Fähigkeiten messen, die sehr grundlegend und bedeutsam für viele Arten von Erfolg sind, die in der westlichen Welt wertgeschätzt werden.

Entwicklung

10.1	Verständnisfragen	106
10.2	Multiple-Choice-Fragen	108
10.3	Richtig oder Falsch?	110
10.4	Antworten auf die Verständnisfragen	111
10.5	Antworten auf die Multiple-Choice-Fragen	114
10.6	Richtig oder Falsch?	115

10.1 Verständnisfragen

1. Was ist das Entwicklungsalter?
2. Warum werden oft Längsschnittpläne benutzt, um individuelle Unterschiede zu studieren?
3. Was sind einige Vor- und Nachteile der Längsschnittstudien?
4. Welche Relevanz haben Geburtskohorten für Querschnittpläne?
5. Wie beeinflusst Krabbelerfahrung das Verhalten von Kindern über der visuellen Klippe?
6. Was hat die neuere Forschung hinsichtlich der Gehirnentwicklung in der Adoleszenz gezeigt?
7. Warum hat zunehmendes Lebensalter oft Einfluss auf das Farbensehen?
8. Wie definiert Piaget Schemata?
9. KRITISCHES DENKEN: Warum ließen die Forscher der Studie zur pränatalen Stimmenerkennung die Mütter das Gedicht auf Tonband aufzeichnen, anstatt sie es „live" vortragen zu lassen?
10. Erklären Sie das Zusammenwirken von Assimilation und Akkomodation in der Theorie Piagets.
11. Was versteht man unter Objektpermanenz?
12. Warum scheinen Kinder im Alter von zwei Jahren mit sich selbst zu sprechen, anstatt zu interagieren?
13. Was bedeutet es, wenn ein Kind eine Zentrierung überwinden kann?
14. Wie hat die neuere Forschung Schlussfolgerungen über Objektpermanenz verändert?
15. Was war das Hauptanliegen von Lew Wygotskys Theorie?
16. Was versteht man unter selektiver Optimierung mit Kompensation?
17. KRITISCHES DENKEN: Erinnern Sie sich an das Experiment, das die Leistungsfähigkeit älterer Professoren untersuchte. Warum war es wichtig, jüngere Professoren als Vergleichsgruppe jüngerer Erwachsener einzusetzen?
18. Welche wichtigen Funktionen hat kindorientierte Sprache („Mutterisch")?
19. Warum überdehnen Kinder Wortbedeutungen?
20. Wie unterstützt Forschung an gehörlosen Kindern die Theorie, dass bestimmte Aspekte der Grammatik angeboren sind?
21. Wie würden Sie bemerken, dass ein Kind die Vergangenheitsformen deutscher Verben übergeneralisiert?

22. KRITISCHES DENKEN: Erinnern Sie sich an die Studie zur Wahrnehmung von Lautunterschieden bei Kindern. Warum war es wichtig, englischsprachige Erwachsene mit Kindern zu vergleichen, die gerade zu Englischsprechern wurden?

23. Welches Lebensalter setzte Erik Erikson für die Bewältigung der Krise „Intimität vs. Isolation" an?

24. Welche Langzeitfolgen haben sich hinsichtlich der Qualität früher Bindungen bei Kindern gezeigt?

25. In welche Kategorien werden Erziehungsstile eingeteilt?

26. Wie untersuchte Harry Harlow die Wichtigkeit der körperlichen Zuwendung für das Bindungsverhalten?

27. Was sind die Ebenen der Beziehungen zwischen gleichaltrigen Jugendlichen?

28. Was bedeutet selektive soziale Interaktion?

29. KRITISCHES DENKEN: Warum wurden die verheirateten Paare in der Längsschnittstudie zum Verlauf ihrer Partnerschaften am Anfang gebeten, sich über strittige Themen zu unterhalten?

30. Was ist der Unterschied zwischen Geschlechtsunterschieden und Genderunterschieden?

31. Was sagt die Forschung über Geschlechtsunterschiede hinsichtlich der Verarbeitung emotionaler Stimuli?

32. Inwiefern sind kleine Kinder „Separatisten"?

33. KRITISCHES DENKEN: Erinnern Sie sich an das Experiment zur Untersuchung des Verständnisses von Kindern für Geschlechtsunterschiede. Warum wurde Chris oder Pat ausdrücklich als „zehn Jahre alt" bezeichnet?

34. Welche sind die drei wesentlichen Stufen des moralischen Urteils nach Kohlberg?

35. Welcher Unterschied ist nach Carol Gilligan für die verschiedenen moralischen Urteile von Männern und Frauen verantwortlich?

36. Welcher kulturelle Unterschied erklärt, warum einige moralische Urteile von Gruppen in den USA und Indien sich voneinander unterscheiden?

37. KRITISCHES DENKEN: Betrachten Sie noch einmal die Studie, in der die Auswirkungen von Handlungen, Ergebnissen und Absichten auf das moralische Urteil bei Kindern untersucht wurden. Warum mögen Kinder sensibler auf die Kategorie Absichten geachtet haben, wenn es darum ging, bestrafbares von akzeptablem Verhalten zu unterscheiden?

10.2 Multiple-Choice-Fragen

1 Körperliche Entwicklung im Mutterleib: Was ist unzutreffend?
   a. Ab der achten Woche bezeichnet man den Embryo als Fetus.
   b. Neurone werden mit einer Geschwindigkeit von 250.000/min im Gehirn generiert.
   c. Alle Neurone sind größtenteils bis zur Geburt an ihrem Bestimmungsort.
   d. Alle Axone und Dendriten sind bereits vollständig verzweigt.

2 Was stimmt nicht bezüglich Reifung?
   a. Reifung bezeichnet Wachstumsprozesse, die typisch für die Mitglieder einer Spezies in einem bestimmten Lebensraum sind.
   b. Reifung wird nicht durch die Interaktion zwischen ererbten biologischen Begrenzungen und Umwelteinflüssen gesteuert.
   c. Das Erlernen des aufrechten Gangs ist ein Beispiel für Reifungsprozesse.

3 Was stimmt bezüglich des Empirismus?
   a. John Locke war ein Vertreter dieser Richtung.
   b. Jean-Jacques Rousseau war ein Vertreter dieser Richtung.
   c. Der Mensch wir mit einer „Tabula Rasa" verglichen.
   d. Die kognitive Entwicklung eines Menschen ist durch seine Gene vorherbestimmt.

4 Kennzeichen für das sensumotorische Stadium: Was trifft zu?
   a. Es dauert von der Geburt bis zum Alter von etwa drei Jahren.
   b. Zentrierung ist kennzeichnend für Kinder.
   c. Das Prinzip der Erhaltung wird erlernt.
   d. Objektpermanenz wird erlernt.

5 Kennzeichen des formal-operatorischen Stadiums: Was trifft zu?
   a. Es beginnt um das elfte Lebensjahr.
   b. Das Denken wird abstrakt.
   c. Kinder sind zunehmend in der Lage, deduktive Logik anzuwenden.
   d. Kinder können von abstrakten Prämissen auf deren logische Folgerungen schließen.

6 Was stimmt bezüglich des Spracherwerbes nicht?
   a. Das Sprachpotenzial ist biologisch angelegt.
   b. Motherese ist eine Form der kindorientierten Sprache.
   c. Die Fähigkeit zur Wahrnehmung von Lautunterschieden ist nicht angeboren.
   d. Die Wortschatzexplosion bezeichnet das beschleunigte Erlernen von Wörtern ab dem 18. Lebensmonat.

7 Was trifft in Bezug auf die soziale Entwicklung im Erwachsenenalter zu?
   a. Intimität ist die Fähigkeit, mit einer Person eine tiefe emotionale, moralische und sexuelle Bindung einzugehen.
   b. Soziale Intimität ist nach Erikson keine notwendige Voraussetzung für das Gefühl des psychischen Wohlbefindens im Erwachsenenalter.
   c. Generativität entsteht, wenn nicht genügend Intimität vorhanden ist.
   d. Generativität bezeichnet die Verbindlichkeit gegenüber sich selbst.

8 Was trifft auf Sozialisation zu?
   a. Die Familie spielt eine untergeordnete Rolle.
   b. Sozialisation ist ein lebenslanger Prozess.
   c. Dabei werden gesellschaftlich wünschenswerte Verhaltensmuster und Werte gelernt.
   d. An dem Prozess sind viele Personen und Institutionen beteiligt.

9 Welche Kategorisierungen von Bindungsverhalten auf der Grundlage des Fremde-Situation-Tests gibt es?
   a. sicher gebundene Kinder
   b. unsicher gebunden-zugängliche Kinder
   c. unsicher gebunden-vermeidende Kinder
   d. unsicher gebunden-ambivalente Kinder

10 Was ist falsch? Das soziale Geschlecht ...
   a. ist ein psychologisches Phänomen.
   b. ist in unterschiedlichen Kulturen unterschiedlich.
   c. beinhaltet erlernte geschlechtsbezogene Verhaltensweisen.
   d. ist in unterschiedlichen Kulturen gleich.

11 Was ist keine Stufe im Modell des moralischen Urteils nach Kohlberg?
   a. präkonventionelle Moral
   b. konventionelle Moral
   c. unkonventionelle Moral
   d. postkonventionelle Moral

12 Durch welche Prinzipien wird Kohlbergs Stufenmodell bestimmt?
   a. Eine Person kann zu einer bestimmten Zeit nur auf einer Stufe stehen.
   b. Jeder durchläuft die Stufen in der festgelegten Reihenfolge.
   c. Jede Stufe ist umfassender und komplexer als die vorhergehende.
   d. Die Stufen sind kulturspezifisch.

10.3 Richig oder Falsch?

1 Normative Standards helfen bei der Unterscheidung von Lebens- und Entwicklungsalter.
 __ richtig
 __ falsch

2 Eine Kohorte ist eine Gruppe von Personen, die zu unterschiedlichen Zeitpunkten geboren wurden.
 __ richtig
 __ falsch

3 Bei Forschung unter Verwendung von Querschnittplänen werden dieselben Personen im Laufe der Zeit wiederholt beobachtet.
 __ richtig
 __ falsch

4 Kokainkonsum der Mutter kann pränatale Schlaganfälle beim Kind verursachen.
 __ richtig
 __ falsch

5 Neugeborene zeigen eine Präferenz für die Stimmen von Mutter und Vater.
 __ richtig
 __ falsch

6 In der Anlage-Umwelt-Debatte geht es um die Interaktion zwischen Genen und gelernten Erfahrungen.
 __ richtig
 __ falsch

7 Anhand der sensumotorischen Intelligenz zeigen sich die ersten Schemata von Säuglingen.
 __ richtig
 __ falsch

8 Im konkret-operatorischen Stadium wird das Invarianzprinzip erlernt.
 __ richtig
 __ falsch

9 Wygotsky behauptet, dass Kinder über den Prozess der Internalisierung Wissen aus ihrer Umwelt aufnehmen.
 __ richtig
 __ falsch

10 Intelligenz besteht aus den Komponenten kristallisierte und fluide Intelligenz.
 __ richtig
 __ falsch

11 Ein Phonem ist die kleinste bedeutungstragende Einheit.
   _ richtig
   _ falsch

12 Übergeneralisierung bezeichnet einen grammatischen Fehler, der für gewöhnlich nicht zu Beginn des Spracherwerbs auftritt.
   _ richtig
   _ falsch

13 Prägung vollzieht sich während einer kritischen Phase der Entwicklung und ist nicht ohne Weiteres veränderbar.
   _ richtig
   _ falsch

14 Nach Eleanor Maccoby sind viele Unterschiede im Geschlechterrollenverhalten bei Kindern das Ergebnis ihrer Beziehung zu den Eltern.
   _ richtig
   _ falsch

10.4 Antworten auf die Verständnisfragen

1 Das Entwicklungsalter ist das Lebensalter, in dem die meisten Menschen fähig sind, eine bestimmte körperliche oder geistige Anforderung zu erfüllen.

2 Um individuelle Unterschiede zu erforschen, messen Forscher häufig die Variabilität (auf einer bestimmten Dimension) zwischen Menschen einer Altersstufe und untersuchen dieselben Teilnehmer später im Leben erneut, um die Folgen dieser Variabilität festzustellen.

3 Ein Vorteil besteht darin, dass altersbedingte Veränderungen nicht mit Schwankungen in sich wandelnden sozialen Umständen vermischt werden können, weil alle Probanden die gleiche sozioökonomische Zeitspanne durchlebt haben. Ein Nachteil besteht darin, dass bestimmte Arten von Verallgemeinerungen nur in Bezug auf dieselbe Kohorte getroffen werden können. Des Weiteren sind Längsschnittstudien oft sehr kostenintensiv, weil es schwierig ist, die Probanden über einen langen Zeitraum hinweg zu beobachten.

4 Bei einigen Querschnittplänen müssen die Forscher die Möglichkeit ausschließen, dass scheinbar altersabhängige Veränderungen in Wirklichkeit auf die Zeitumstände zurückzuführen sind, in welche die Individuen geboren wurden.

5 Im Vergleich mit ihren nichtkrabbelnden Altersgenossen zeigen Kinder, die bereits krabbeln, Furcht am „tiefen" Ende der visuellen Klippe.

6 Neuere Studien deuten darauf hin, dass sich das Gehirn während der Adoleszenz weiterentwickelt, vor allem in Arealen wie den Frontallappen.

7 Wenn Menschen altern, werden die Linsen im Auge trüber, worauf das verminderte Farbsehvermögen zurückgeführt wird.

8 Piaget benutzte den Begriff „Schema" für die geistigen Strukturen, mit deren Hilfe Menschen die Welt interpretieren. Schemata sind die Bausteine der entwicklungsbedingten Veränderung.

9 KRITISCHES DENKEN: Ein möglicher Grund für die Aufzeichnung ist die Tatsache, dass das Gedicht so lauter und näher an dem Bauch der schwangeren Frauen vorgespielt werden konnte, als wenn sie es „live" vorgetragen hätten.

10 Durch Assimilation passen Kinder neue Informationen an alte Schemata an; Akkommodation dagegen ändert Schemata, um neue Informationen einzupassen. Die ausgewogene Anwendung von Assimilation und Akkommodation ermöglicht, dass Verhalten und Wissen des Kindes unabhängiger von der konkreten externen Realität werden und sich stärker auf abstraktes Denken stützen.

11 Objektpermanenz bezieht sich auf das Wissen eines Kindes, dass Objekte unabhängig von seinen Handlungen oder seinem Bewusstsein existieren. Auch wenn ein Gegenstand nicht mehr zu sehen ist, weiß das Kind, dass er weiterhin existiert.

12 Da das Denken von Kindern in diesem Alter durch Egozentrismus geprägt ist, können sie nicht die Perspektive einer anderen Person einnehmen und somit nicht auf ihren Gesprächspartner eingehen.

13 Ein Kind, das Zentrierung überwindet, kann die Oberflächenaspekte eines Problems ignorieren und zeigt ein tieferes Verständnis für ein Wissensgebiet wie etwa Zahlen oder Flüssigkeitsmengen. Dadurch können mehrere Dimensionen auf einmal berücksichtigt werden (z.B. Höhe und Breite statt nur Höhe).

14 Durch die Entwicklung subtilerer Maße für kindliches Wissen konnte die Forschung zeigen, dass Kinder Anzeichen für Objektpermanenz ab einem Alter von etwa vier Monaten zeigen.

15 Wygotsky betonte die Wichtigkeit des sozialen Kontextes für die Art, in der sich die kognitive Entwicklung eines Kindes entfaltet.

16 Dieser Ansatz für erfolgreiches Altern geht davon aus, dass man sich Wissensgebiete aussuchen sollte, in denen man auch weiterhin an der Spitze liegen möchte, indem man Strategien entwickelt, die, falls notwendig, verminderte Fähigkeiten ausgleichen.

17 KRITISCHES DENKEN: Jüngere und ältere Professoren haben vergleichbare Ausgangsbedingungen, da sie ähnliche Laufbahnen eingeschlagen haben, nur zeitlich versetzt. Vergleicht man dagegen Professoren mit anderen jüngeren Erwachsenen, kann es sein, dass Unterschiede in der Leistungsfähigkeit auf andere Ursachen als das Alter zurückgehen.

18 Kindorientierte Sprache („Mutterisch") hilft sowohl die Aufmerksamkeit des Kindes aufrecht zu erhalten als auch eine emotionale Bindung zwischen dem Erwachsenen und dem Kind zu schaffen.

10.4 Antworten auf die Verständnisfragen

19 Kinder stellen Vermutungen über die Bedeutung neuer Wörter auf. In einigen Fällen sind diese Hypothesen umfassender als die Kategorien der Erwachsenen. Zum Beispiel kann es sein, dass ein Kind fälschlicherweise alle Tiere, die vier Beine haben, als „Hund" bezeichnet, wenn das Wort neu gelernt wurde.

20 Gehörlose Kinder, die weder eine gesprochene noch eine Zeichensprache beigebracht bekommen haben, fangen manchmal an, eine eigene Zeichensprache zu benutzen, die strukturelle Gemeinsamkeiten mit „echten" Sprachen aufweist.

21 Wenn ein Kind regelmäßige Vergangenheitsformen unregelmäßiger Verben bildet, würde man Formen wie *„gebte"* und *„brechte"* statt *„gab"* und *„brach"* erwarten.

22 KRITISCHES DENKEN: Kinder, die gerade zu Englischsprechern wurden, konnten Lautunterschiede im Hindu, welche im Englischen keine Bedeutung haben, hören, während englischsprachige Erwachsene, die keine Hindu-Kenntnisse besaßen, nicht in der Lage waren, diese Lautunterschiede wahrzunehmen. Das heißt, dass Säuglinge eine angeborene Fähigkeit zur Sprachwahrnehmung besitzen, welche mit zunehmendem Alter verloren geht.

23 Erikson postulierte, dass die Krise von Intimität vs. Isolation während des frühen Erwachsenenalters wichtig wird.

24 Die Forschung legt nahe, dass Kinder, die bereits im frühen Alter sichere Bindungen haben, im späteren Leben beispielsweise beliebter und sozial weniger ängstlich sind.

25 Erziehungsstile werden durch die beiden Dimensionen Anforderungen und Reaktivität der Eltern definiert.

26 Harlow trennte Rhesusaffen bei der Geburt von ihren Müttern und setzte sie in Käfige, in denen sie Zugang zu zwei Ersatzmüttern hatten: Eine Mutter war aus Draht gebaut und eine aus Stoff. Er stellte fest, dass sich die Affenkinder eng an die Stoffmutter schmiegten und wenig Zeit bei der Drahtmutter verbrachten, selbst wenn nur die Drahtmutter Milch gab.

27 Die Peer-Beziehungen von Jugendlichen spielen sich auf der Ebene von Freundschaften, Cliquen und Gruppen ab.

28 Untersuchungen über das späte Erwachsenenalter deuten darauf hin, dass Menschen mit der Zeit wählerischer hinsichtlich der Sozialpartner werden, die sie sich aussuchen, um ihre emotionalen Bedürfnisse zu befriedigen.

29 KRITISCHES DENKEN: Die strittigen Themen waren deshalb wichtig, weil die Forscher so die affektiven Inhalte der Gespräche analysieren konnten. Wie sich später herausstellte, war dies ein starker Indikator für das Schicksal der Paare.

30 Geschlechtsunterschiede beruhen auf biologischen Unterschieden zwischen Männern und Frauen; Genderunterschiede beruhen auf unterschiedlichen kulturellen Rollenkonstrukten für Männer und Frauen.

31 Die Forschung legt nahe, dass Männer und Frauen etwas andere Hirnstrukturen benutzen, um emotionale Stimuli zu enkodieren und wiederzuerkennen.

32 Kleine Kinder bevorzugen die Gesellschaft von Gleichaltrigen desselben Geschlechts.

33 KRITISCHES DENKEN: Weil Kinder erst ab neun Jahren andere Faktoren, wie z.B. den sozialen Kontext in Betracht ziehen, während sie davor annehmen, dass „Geschlecht" angeboren ist.

34 Die drei Hauptebenen sind die präkonventionelle, die konventionelle und die postkonventionelle Moral.

35 Gilligan argumentierte, dass Männer eher auf Gerechtigkeit fokussiert sind, Frauen dagegen mehr auf Fürsorge für andere Menschen.

36 Im Allgemeinen halten in Indien Menschen bei moralischen Urteilen zwischenmenschliche Verantwortung für wichtiger als Menschen in den Vereinigten Staaten.

37 KRITISCHES DENKEN: Wenn der Fokus auf der Bestrafung von Verhalten liegt, werden die Probanden automatisch dazu gebracht, dass sie über die Absichten nachdenken. Während jüngere Kinder normalerweise nur die Ergebnisse eines Verhaltens berücksichtigen können, werden sie durch die Frage nach der Bestrafung von Verhalten angehalten, mehrere Faktoren zu berücksichtigen.

10.5 Antworten auf die Multiple-Choice-Fragen

1 d)

2 b)

3 a), c)

4 d)

5 a), b), c), d)

6 c)

7 a)

8 b), c), d)

9 a), c), d)

10 d)

11 c)

12 a), b), c)

10.6 Richtig oder Falsch?

1 Richtig. Durch normative Untersuchungen können die Forscher Eckdaten über die Entwicklung bestimmen. Diese Daten liefern Normen (Standardmuster der Entwicklung oder Leistungsfähigkeit). Normative Standards erlauben den Psychologen, zwischen dem Lebensalter (Anzahl an Monaten und Jahren seit der Geburt einer Person) und dem Entwicklungsalter (Lebensalter, in dem die meisten Menschen eine gegebene Stufe körperlicher oder geistiger Entwicklung aufweisen) zu unterscheiden.

2 Falsch. Eine Kohorte ist eine Gruppe von Personen, die in derselben historischen Zeitspanne und unter ähnlichen kulturellen Umwelten geboren wurden.

3 Falsch. Bei Querschnittplänen werden Gruppen von Probanden unterschiedlichen chronologischen Alters zur gleichen Zeit untersucht und verglichen.

4 Richtig. Bei schwangeren Frauen schränkt Kokain die Versorgung des Fetus mit Blut und Sauerstoff durch die Mutter ein. Wenn es zu einem schweren Sauerstoffmangel kommt, können Blutgefäße im Gehirn des Fetus platzen, was zu pränatalen Schlaganfällen führen kann.

5 Falsch. Neugeborene zeigen nur eine Präferenz für die Stimme der eigenen Mutter. Anscheinend haben Neugeborene nicht genügend akustische Erfahrung mit ihren Vätern, denn sie zeigen keine Präferenz für die Stimmen der Väter.

6 Richtig. In dieser Debatte geht es darum, wie man beispielsweise die tiefgreifenden Unterschiede zwischen einem Neugeborenen und einem Zehnjährigen am Besten erklärt: Inwieweit ist diese Entwicklung durch die Gene bedingt und inwieweit ist sie das Ergebnis gelernter Erfahrung (Umwelt)?

7 Richtig. Sensumotorische Intelligenz umfasst mentale Strukturen oder Programme, die sensumotorische Sequenzen wie Saugen, Betrachten, Greifen und Schieben steuern.

8 Richtig. Kinder im konkret-operatorischen Stadium wissen, dass sich die physikalischen Eigenschaften von Objekten nicht ändern, wenn nichts hinzugefügt oder weggenommen wird, obwohl sich das Aussehen der Objekte ändert.

9 Richtig. Wygotsky betont in seinen Theorien die Wichtigkeit sozialer Interaktion. Er behauptete, Kinder würden sich durch einen Prozess der Internalisierung entwickeln: Sie absorbieren Wissen aus ihrem sozialen Kontext, der einen wichtigen Einfluss auf den Verlauf der kognitiven Entwicklung hat.

10 Falsch. Intelligenz besteht aus den Komponenten kristalline (z.B. verbale Fähigkeiten) und fluide (z.B. Fähigkeit zu schnellem und gründlichem Denken) Intelligenz.

11 Falsch. Ein Phonem ist die kleinste bedeutungsunterscheidende Einheit.

12 Richtig. Übergeneralisierung ist ein besonders interessanter Fehler, weil er normalerweise auftritt, nachdem Kinder die richtigen Formen von Verben und Nomen gelernt und gebraucht haben. Die Kinder verwenden zuerst die korrekten Formen der Verben, weil sie offenbar als eigenständige Teile des Wortschatzes gelernt wurden. Wenn sie jedoch die allgemeine Regel z.B. zur Bildung des Präteritums lernen, wenden sie sie auch auf Wörter an, die Ausnahmen von dieser Regel sind, obwohl diese zuvor schon richtig verwendet wurden.

13 Richtig. Prägung kann gelegentlich problematisch sein, da sie automatisch vonstatten geht, wie Konrad Lorenz in seinem Experiment mit den jungen Gänsen aufzeigte.

14 Falsch. Eleanor Maccoby glaubte, dass viele Unterschiede im Geschlechterrollenverhalten bei Kindern das Ergebnis von Beziehungen zu Gleichaltrigen sind.

Motivation

11.1	Verständnisfragen	118
11.2	Multiple-Choice-Fragen	119
11.3	Richtig oder Falsch?	121
11.4	Antworten auf die Verständnisfragen	122
11.5	Antworten auf die Multiple-Choice-Fragen	125
11.6	Richtig oder Falsch?	125

11 Motivation

11.1 Verständnisfragen

1. Während Sie auf einer Bank sitzen, sehen Sie einen anderen Studenten vorbeijoggen. Welche Funktion von Motivationskonzepten ist auf Ihre Interpretation der Situation anwendbar?

2. Was bedeutet es, wenn ein Organismus Homöostase aufrechterhält?

3. Welche beiden wichtigen Instinkte sind Elemente der Theorie Sigmund Freuds?

4. Welche Rolle spielen Instinkte in Freuds Theorie?

5. Welche Unterscheidung traf Fritz Heider in Bezug auf Erklärungen für Ergebnisse?

6. Was verstand Abraham Maslow unter Bindungsbedürfnissen?

7. KRITISCHES DENKEN: Denken Sie an das Experiment mit den Fallschirmspringern zurück. Was könnte passieren, nachdem sie das Flugzeug verlassen haben, um den paratelischen Zustand wieder in den telischen zurück zu verwandeln?

8. Was versteht man unter Sättigung einer spezifischen Sinnesmodalität?

9. Was deutet darauf hin, dass der ventromediale Hypothalamus (VMH) eine andere Rolle beim Essen spielt als das Zwei-Zentren-Modell nahe legt?

10. Welchen Essgewohnheiten folgen gezügelte Esser für gewöhnlich?

11. Wann wird Anorexia nervosa diagnostiziert?

12. Worin bestehen die Symptome von Bulimia nervosa?

13. KRITISCHES DENKEN: Warum wurden in der Studie zum Einfluss bevorstehender Diäten auf das Essverhalten die Teilnehmerinnen glauben gemacht, die Studie diene der Erforschung der Geschmacksempfindung?

14. Was versteht man unter stereotypem Sexualverhalten?

15. Welche vier Phasen unterschieden Masters und Johnson in der menschlichen Sexualreaktion?

16. Warum streben Männer laut den Theorien zur Evolution nach mehr sexueller Abwechslung als Frauen?

17. Inwiefern unterscheiden sich Frauen und Männern in ihrem Eifersuchtsverhalten laut Evolutionstheorie?

18. Was sind Skripte des Sexualverhaltens?

19. Was ergibt die Zwillingsforschung hinsichtlich der Erblichkeit von Homosexualität?

20. Worauf ist sexuelle Orientierung laut Daryl Bem zurückzuführen?

21. KRITISCHES DENKEN: Denken Sie an die Studie über Eifersucht bei Männern und Frauen. Warum war es wichtig, die Fragenkategorie über emotionales Einlassen in kleinere Kategorien aufzuteilen, die sich auf einen selbst und den Partner bezogen?

22. Worin besteht das Leistungsmotiv?

23. Welche Arten von Kontrollorientierung gibt es?

24. Auf welchen Dimensionen findet die Ursachenattribution für Erfolg und Misserfolg statt?

25. Wie erklärt das Erwartungsmodell die Motivation am Arbeitsplatz?

26. KRITISCHES DENKEN: Vergegenwärtigen Sie sich die Studie, die den Einfluss von Ursachenattributionen auf Karriereerwartungen demonstrierte. Warum könnten die Forscher in der Experimentalgruppe zur Veränderung des Attributionsstils eine Videoaufzeichnung eines Gesprächs zwischen Studierenden dargeboten haben, anstatt beispielsweise Material zum Lesen auszugeben?

11.2 Multiple-Choice-Fragen

1. Für welche grundlegenden Zwecke verwenden Psychologen das Konzept der Motivation?
   a. um Biologie mit Verhalten zu verbinden
   b. um Handlungen Verantwortung zuzuweisen
   c. zur Erklärung von Verhaltensvariabilität
   d. zur Erklärung von Beharrlichkeit trotz Widrigkeiten

2. Allgemeine Quellen der Motivation sind ...
   a. Triebe.
   b. Anreize.

3. Das Konzept der Motivation nach Apter et al. (1989) heißt ...
   a. Rehearsal-Theorie.
   b. Retrieval-Theorie.
   c. Reversal-Theorie.

4. Auf welche Faktoren kann nach Heider (1958) das Ergebnis eines Verhaltens attribuiert werden?
   a. dispositionale Faktoren
   b. erlernte Faktoren
   c. situative Faktoren
   d. soziale Faktoren

Motivation

5 In welcher Reihenfolge sind die Bedürfnisse in Maslows Bedürfnistheorie angeordnet?

a. biologische Bedürfnisse, Sicherheit, Wertschätzung, Selbstverwirklichung, Bindung

b. biologische Bedürfnisse, Bindung, Sicherheit, Wertschätzung, Selbstverwirklichung

c. Sicherheit, Bindung, biologische Bedürfnisse, Wertschätzung, Selbstverwirklichung

d. biologische Bedürfnisse, Sicherheit, Bindung, Wertschätzung, Selbstverwirklichung

6 Welche Nahrungsmittel führen zu einer stärkeren Sättigung?

a. Nahrungsmittel mit vielen Kalorien oder einem hohen Proteinanteil

b. Nahrungsmittel mit einem geringen Kalorien- und Proteingehalt

7 Welches Hormon ist bei Männern für sexuelle Erregung und die Durchführung sexueller Aktivitäten notwendig?

a. Östrogen

b. Testosteron

8 "Date Rape" liegt vor, wenn ...

a. persönliche Daten ohne Zustimmung freigegeben werden.

b. ohne das Wissen einer Person Videos über sie im Internet veröffentlicht werden.

c. jemand von einer Person, mit der er sich zum ersten Mal getroffen hat, zu sexueller Aktivität gezwungen wird.

d. zwei Personen sich darauf einigen, sich sexuell zu betätigen.

9 Wenn beide Zwillinge dieselbe sexuelle Orientierung aufweisen, bezeichnet man sie als ...

a. konkordant.

b. diskordant.

10 Zur Messung der Stärke des Leistungsmotivs verwendete McClelland den ...

a. TTA.

b. ATT.

c. ATA.

d. TAT.

11 nAch ist die Bezeichnung für das ...

a. Machtmotiv.

b. Leistungsmotiv.

c. Anschlussmotiv.

12 Psychologen, die verschiedenste Aspekte der menschlichen Arbeitswelt untersuchen, nennt man ...
   a. Assessment-Psychologen.
   b. Organisationspsychologen.
   c. Psychoanalytiker.

13 Das Erwartungsmodell betont folgende Komponenten:
   a. Valenz
   b. Richtung
   c. Erwartung
   d. Ergebnis
   e. Instrumentalität

11.3 Richtig oder Falsch?

1 Verhalten wird nur durch innere Triebe motiviert.
   __ richtig
   __ falsch

2 Die Reversal-Theorie geht davon aus, dass man sich immer in einem der Zustände eines metamotivationalen Paares befindet, jedoch nie in beiden gleichzeitig.
   __ richtig
   __ falsch

3 Nach Festinger (1957) und Lewin (1936) kann eine Diskrepanz zwischen Erwartungen und der Realität eine Person dazu motivieren, ihr Verhalten zu korrigieren.
   __ richtig
   __ falsch

4 Nach Maslows Ansicht müssen die Bedürfnisse jeder tieferen Hierarchieebene befriedigt sein, bevor die nächsthöhere Ebene erreicht werden kann.
   __ richtig
   __ falsch

5 Die Dehnung des Magens durch die Aufnahme von Nahrung führt bei einem Menschen nicht zur Beendigung der Nahrungsaufnahme.
   __ richtig
   __ falsch

6 Enthemmung scheint bei gezügelten Essern meistens dann aufzutreten, wenn sie sich hinsichtlich ihrer eigenen Fähigkeiten und ihres Selbstwertgefühls belastet fühlen.
   __ richtig
   __ falsch

7 Personen, die an Anorexia nervosa leiden, können nicht gleichzeitig bulimisch sein.
_ richtig
_ falsch

8 Die primäre Motivation sexueller Verhaltensweisen von Tieren ist die Fortpflanzung.
_ richtig
_ falsch

9 Sexuelle Reaktionen von Tieren sind ausschließlich durch angeborene biologische Faktoren determiniert.
_ richtig
_ falsch

10 Einige Wissenschaftler glauben, dass der evolutionäre Ansatz des menschlichen Sexualverhaltens den Einfluss der Kultur unterschätzt.
_ richtig
_ falsch

11 Personen mit einem hohen nAch-Wert sind immer bereit, härter zu arbeiten.
_ richtig
_ falsch

12 Der pessimistische Attributionsstil ist dadurch gekennzeichnet, dass Misserfolg auf externale Faktoren zurückgeführt wird und Ereignisse als variabel und spezifisch eingestuft werden.
_ richtig
_ falsch

13 Die Equity-Theorie nimmt an, dass Mitarbeiter dann motiviert sind, wenn sie erwarten, dass ihre Anstrengung und Leistung am Arbeitsplatz zu den gewünschten Ergebnissen führen.
_ richtig
_ falsch

11.4 Antworten auf die Verständnisfragen

1 Sie würden wahrscheinlich eine Inferenz erstellen, warum der Student lief, was damit in Zusammenhang steht, dass Motivationskonzepte Verbindungen zwischen äußeren Handlungen und inneren Zuständen sein können.

2 Homöostase beschreibt einen Gleichgewichtszustand in biologischer Hinsicht.

3 Freud glaubte, dass Menschen sowohl einen angeborenen Lebens- als auch einen Todesinstinkt haben.

4 Instinkte spielen eine zentrale Rolle in Freuds Theorie. Sie liefern die psychische Energie zur Befriedung körperlicher Bedürfnisse. Spannung entsteht, wenn diese Energie nicht abgebaut werden kann. Sie drängt Menschen zu Objekten oder Handlungen, die zum Spannungsabbau führen.

5 Heider unterschied zwischen dispositionalen (z.B. Intelligenz) und situationalen (z.B. unfairer Test) Faktoren als Erklärungen für Ergebnisse. Diese Attribution beeinflusst, wie man sich das nächste Mal verhalten wird.

6 Bindungsbedürfnisse beziehen sich auf das Bedürfnis des Menschen, dazuzugehören, sich anderen anzuschließen, zu lieben und geliebt zu werden.

7 KRITISCHES DENKEN: Im telischen Zustand wird die hohe Erregung zu Angst. Im paratelischen Zustand wird die hohe Erregung als aufregend empfunden. Der paratelische Zustand, der nach der Öffnung des Fallschirms eintritt, könnte wieder in den telischen Zustand zurückverwandelt werden, indem der Fallschirmspringer feststellt, dass der Wind ihn so treibt, dass er über einem Wald landen muss, was eine potenzielle Gefahr darstellen würde.

8 Sättigung einer spezifischen Sinnesmodalität liegt vor, wenn ein Mensch z.B. in Hinsicht auf einen bestimmten Essensgeschmack gesättigt ist.

9 Das Zwei-Zentren-Modell ging davon aus, dass der VMH das „Sattheitszentrum" sei. Neuere Forschungen ergaben allerdings, dass die Rolle des VMH von der Art der Nahrung abhängt. Eine Zerstörung des VMH kann teilweise dazu führen, dass normale reflexartige Reaktionen auf Futter übertrieben werden.

10 Gezügelte Esser halten gewohnheitsmäßig eine kalorienarme Diät ein, bis sie enthemmt werden, woraufhin sie dann oft in kalorienreiche „Essorgien" verfallen.

11 Anorexia nervosa wird diagnostiziert, wenn eine Person unterhalb einer Grenze von 85% des erwarteten Normalgewichts liegt (BMI von 17,5 oder weniger) und dennoch ihre Angst zum Ausdruck bringt, zu dick zu werden.

12 *Bulimia nervosa* ist durch Ess- und Brechattacken gekennzeichnet.

13 KRITISCHES DENKEN: Wenn die tatsächliche Intention der Studie, nämlich die Gesamtmenge an Keksen in Gramm, die jede Teilnehmerin zu sich nahm, bekannt gegeben worden wäre, hätten sich alle Teilnehmerinnen wahrscheinlich anders verhalten. Sie hätten beispielsweise insgesamt mehr darauf geachtet, wie viel Kekse sie zu sich nahmen, da sie nicht aufgrund der Menge verurteilt werden wollten. Da ihnen jedoch die tatsächliche Intention der Studie nicht mitgeteilt wurde, konnten die Experimentatoren die Aussage, dass die Erwartung einer Diät bei gezügelten Esserinnen bereits zum Bruch der Diätvorschriften führen kann, mit hoher Wahrscheinlichkeit bestätigen.

14 Bei den meisten Tierarten folgen alle Artangehörigen demselben vorhersehbaren Sexualverhalten.

15 Masters und Johnson definierten die Phasen Erregung, Plateau, Orgasmus und Rückbildung.

16 Männer und Frauen unterscheiden sich in ihren Zielen der Fortpflanzung. Das größte Problem, dem ein männliches Lebewesen gegenübersteht, besteht darin, die Anzahl seiner Nachkommenschaft zu maximieren, indem es sich mit der größtmöglichen Anzahl an Weibchen paart. Das größtmögliche Problem eines weiblichen Wesens besteht darin, ein qualitativ hochwertiges Männchen zu finden, das den besten Nachwuchs garantiert.

17 Nach der Evolutionstheorie sollte eine Frau eifersüchtig werden, wenn sie ihren Partner verdächtigt, nicht mehr länger bereit zu sein, die notwendige Versorgung zum Aufziehen der Kinder bereitzustellen – diese Sorgen konzentrieren sich auf das emotionale Einlassen. Im Gegensatz dazu sollte ein Mann eifersüchtig werden, wenn er den Verdacht hegt, mit Kindern belastet zu werden, die genetisch nicht von ihm abstammen – diese Sorgen konzentrieren sich auf die sexuelle Treue.

18 Skripte des Sexualverhaltens sind sozial erlernte Programme, die angemessene Formen sexueller Aktivität definieren.

19 Die Konkordanzraten liegen bei eineiigen Zwillingen höher als bei zweieiigen Zwillingen, was die Behauptung einer genetischen Komponente der Homosexualität unterstützt.

20 Laut Daryl Bem wirkt sich die Biologie nicht direkt auf die sexuelle Orientierung aus, sondern greift über die Beeinflussung der Temperamente und Tätigkeiten junger Kinder eher indirekt ein. Nach Bems Theorie hängt es davon ab, inwieweit Kinder ein Spielverhalten aufweisen, das für ihr Geschlecht typisch oder atypisch ist und ob sie sich ihrem eigenen Geschlecht oder dem Gegengeschlecht unähnlich fühlen. Gefühle der Unähnlichkeit führen zu emotionaler Erregung, welche später in erotische Anziehung transformiert wird.

21 KRITISCHES DENKEN: Die Studie wollte die Vorhersagen der Evolutionstheorie hinsichtlich der Eifersuchtserfahrungen bei Männern und Frauen überprüfen. Dies ist nur durch eine Unterteilung in kleiner Kategorien möglich, da Männer und Frauen unterschiedliche Schwerpunkte bei dem Empfinden von Eifersucht setzen. Während Frauen sich häufig auf das emotionale Einlassen konzentrieren, liegt der Schwerpunkt bei Männern auf der sexuellen Treue.

22 Das Leistungsmotiv reflektiert die individuellen Unterschiede in der Wertigkeit von Vorausplanung und dem Erreichen gesetzter Ziele.

23 Es gibt die internale und die externale Kontrollorientierung: Ist das erzielte Ergebnis einer Handlung dadurch bedingt, was man tut (internale Kontrollorientierung) oder ist es durch Umweltfaktoren bedingt (externale Kontrollorientierung)?

24 Attributionen werden in den Dimensionen internal-external, global-spezifisch und stabil-instabil zugewiesen.

25 Das Erwartungsmodell geht davon aus, dass Arbeiter motiviert werden, wenn sie erwarten, dass ihre Anstrengung und Leistung erwünschte Ergebnisse haben werden.

26 KRITISCHES DENKEN: Ein Grund, eine Videoaufzeichnung zu zeigen anstatt Material zum Lesen auszugeben, könnte die realistischere Darstellung einer Videoaufzeichnung sein. Es ist häufig einfacher, sich mit einer Videoaufzeichnung zu identifizieren, da sie einen realistischen Ausschnitt einer Situation zeigt, die sich wirklich so zugetragen haben könnte. Dagegen ist der Bezug zu einem Text distanzierter und der Proband müsste seine eigene Vorstellungskraft einsetzen, um den Text zu interpretieren.

11.5 Antworten auf die Multiple-Choice-Fragen

1 a), b), c), d)

2 a), b)

3 c)

4 a), c)

5 d)

6 a)

7 b)

8 c)

9 a)

10 d)

11 b)

12 b)

13 a), c), e)

11.6 Richtig oder Falsch?

1 Falsch. Verhalten kann nur teilweise durch innere Triebe erklärt werden. Des Weiteren wird Verhalten durch Anreize motiviert – äußere Reize oder Belohnungen, die keinen direkten Bezug zu biologischen Bedürfnissen haben.

2 Richtig. Die Paare metamotivationaler Zustände stehen in Opposition zueinander. Es kann jeweils nur einer der beiden gepaarten Zustände wirksam sein.

3 Richtig. Die Wahrscheinlichkeit, dass eine bestimmte Verhaltensweise gezeigt wird, wird durch Erwartungen bestimmt, das angestrebte Ziel, das auf das Verhalten folgt, zu erreichen sowie durch die persönliche Bewertung dieses Ziels. Entsteht eine Diskrepanz zwischen Erwartungen und der Realität, kann eine Person dazu motiviert werden, ihr Verhalten zu korrigieren.

4 Richtig. In Maslows Bedürfnishierarchie müssen die Bedürfnisse jeder Hierarchieebene befriedigt sein, bevor die nächste Ebene erreicht werden kann, wobei die Bedürfnisse in einer Folge von primitiv bis fortgeschritten angeordnet sind.

5 Falsch. Forschungsergebnisse zeigen, dass eine Ausdehnung des Magens durch die Aufnahme von Nahrung – aber nicht durch das Aufblasen eines Ballons – bei einem Menschen zur Beendigung der Nahrungsaufnahme führt. Demnach ist der Körper für die Quelle des Magendrucks empfindlich.

6 Richtig. Forschungsergebnisse legen nahe, dass gezügelte Esser, wenn sie enthemmt werden (z.B. wenn die Lebensumstände sie dazu veranlassen), ihre Kontrolle zurücknehmen und dazu neigen, sich Essattacken hinzugeben. Enthemmung scheint meistens dann aufzutreten, wenn gezügelte Esser sich hinsichtlich ihrer eigenen Fähigkeiten und ihres Selbstwertgefühls belastet fühlen.

7 Falsch. Personen, die an Anorexia nervosa leiden, können gleichzeitig bulimisch sein. Sie können sich „überessen" und das Gegessene anschließend wieder abführen, um die Anzahl der vom Körper aufgenommenen Kalorien zu minimieren.

8 Richtig. Die primäre Motivation sexueller Verhaltensweisen von Tieren ist die Fortpflanzung. Für Spezies, die Sex als Methode der Fortpflanzung verwenden, hat die Evolution im Allgemeinem zwei sexuelle Ausprägungsformen bereitgestellt: männliche und weibliche Exemplare.

9 Richtig. Wie das Experiment mit den Breitflossenkärpflingen zeigte, bleiben sexuelle Reaktionen von Tieren durch angeborene biologische Faktoren determiniert.

10 Richtig. Obwohl Forschungsarbeiten viele Annahmen eines evolutionären Ansatzes des menschlichen Sexualverhaltens stützen, glauben andere Wissenschaftler, dass dieser Ansatz den Einfluss der Kultur bei Weitem unterschätzt. Frauen variieren beispielsweise in ihren sexuellen Reaktionen und Verhaltensweisen stärker als Männer. Diese Variationen scheinen zu einem großen Teil die Folge kultureller Einschränkungen zu sein (Stichwort: sexuelle Revolution der 60er Jahre).

11 Falsch. Wenn sie beispielsweise eine Aufgabe bewältigen sollen, von der man sie glauben lässt, sie sei schwierig, geben sie schneller auf. Was Menschen mit einem hohen nAch-Wert tatsächlich auszeichnet, ist ein Bedürfnis nach Effizienz.

12 Falsch. Der pessimistische Attributionsstil ist dadurch gekennzeichnet, dass Misserfolg auf internale Faktoren zurückgeführt wird und Ereignisse als stabil und global eingeschätzt werden.

13 Falsch. Die Equity-Theorie geht davon aus, dass Mitarbeiter dazu motiviert sind, faire oder gerechte Beziehungen zu anderen relevanten Personen aufrecht zu erhalten. Mitarbeiter merken sich ihre Beiträge (in den Job Eingebrachtes und Geleistetes) und ihre Ergebnisse (das aus dem Job Erhaltene) und vergleichen diese mit den Beiträgen und Ergebnissen ihrer Kollegen. Wenn das Verhältnis von Ergebnis zu Beitrag von Mitarbeiter A jenem von Mitarbeiter B entspricht, dann ist Mitarbeiter A zufrieden.

Emotionen, Stress und Gesundheit

- 12.1 Verständnisfragen 128
- 12.2 Multiple-Choice-Fragen 129
- 12.3 Richtig oder Falsch? 131
- 12.4 Antworten auf die Verständnisfragen 133
- 12.5 Antworten auf die Multiple-Choice-Fragen 135
- 12.6 Richtig oder Falsch? 136

12 Emotionen, Stress und Gesundheit

12.1 Verständnisfragen

1. Was sind Emotionen?

2. Was hat die interkulturelle Forschung über das Erkennen von Gesichtsausdrücken ergeben?

3. Welche Rolle spielt das Autonome Nervensystem beim Erleben von Emotionen?

4. Gilt die James-Lange-Theorie als peripheriebetonende oder als zentralistische Theorie? Warum?

5. Was ist die grundlegende Behauptung der Cannon-Bard-Theorie der Emotionen?

6. Was kritisierte Robert Zajonc an der Emotionstheorie der kognitiven Bewertung?

7. Welche allgemeine Beziehung besteht zwischen Stimmung und Höflichkeit in sozialen Situationen?

8. Was versteht man unter stimmungsabhängiger Erinnerung?

9. KRITISCHES DENKEN: Wozu diente bei dem Versuch mit emotional aufgeladenen und neutralen Fotografien die Beurteilung, ob der gezeigte Gegenstand in einen Schuhkarton passen würde?

10. Was versteht man unter einem Stressor?

11. Was ist Eustress?

12. Was ist der Unterschied zwischen akutem und chronischem Stress?

13. Was sind die drei Stadien des allgemeinen Adaptationssyndroms?

14. Wie haben sich die Werte von Lebensveränderungseinheiten (LCU) von den 60er zu den 90er Jahren des 20. Jahrhunderts verändert?

15. Wie beeinflussen alltägliche Ärgernisse und Freuden das Wohlbefinden?

16. Was sind Stressmoderatorvariablen?

17. Was bedeutet es, emotionsorientiertes *Coping* anzustreben?

18. Warum ist wahrgenommene Kontrolle im Zusammenhang mit Stressbewältigung wichtig?

19. Was bedeutet "Benefit Finding"?

20. KRITISCHES DENKEN: Denken Sie an die Studie, die den Nutzen von Stressimpfungstraining demonstrierte. Warum eignen sich Jurastudierende als Teilnehmer besonders gut, um den Effekt dieser Art Training zu zeigen?

21. Was hat die Forschung über die genetischen Grundlagen des Rauchens ergeben?

22. Welches sind die drei Komponenten einer erfolgreichen AIDS-Intervention?

23. Welche Bedingungen sind notwendig, um die Entspannungsreaktion hervorzurufen?

24 Was ist das wichtigste Ziel von Forschern in der Psychoneuroimmunologie?

25 Worin besteht der „toxische" Aspekt von Typ-A-Persönlichkeiten?

26 Wie definiert man Burn-out im Beruf?

27 KRITISCHES DENKEN: Warum sollten die Kontrollgruppenprobanden in der Studie über den Einfluss emotionaler Enthüllungen auf die Gesundheit Texte niederschreiben?

12.2 Multiple-Choice-Fragen

1 Was hat nach Ekman einen Beitrag zum emotionalen Ausdruck geleistet?

a. nur das Gehirn, welches das Produkt der Evolution ist

b. das Gehirn und die Kultur gemeinsam

c. nur die Kultur

2 Welches Nervensystem bereitet durch die Aktivität seiner Subsysteme den Körper auf emotionale Reaktionen vor?

a. Peripheres Nervensystem

b. Zentrales Nervensystem

c. Autonomes Nervensystem

3 Welche Teile des Zentralen Nervensystems steuern die Integration hormoneller und neuronaler Aspekte der Erregung?

a. nur Hypothalamus

b. Hypothalamus und limbisches System

c. Cortex

4 Nach welcher Emotionstheorie lösen Ereignisse autonome Erregung und Verhalten (Aktion) als Reaktionen aus, die wahrgenommen werden und anschließend in einer spezifischen emotionalen Erfahrung resultieren?

a. Cannon-Bard-Theorie

b. James-Lange-Theorie

c. Emotionstheorie der kognitiven Bewertung

5 Was trifft in Bezug auf die Funktionen von Emotionen zu?

a. Emotionen erfüllen eine motivationale Funktion.

b. Sie geben dem Verhalten eine Richtung.

c. Sie erhalten das Verhalten aufrecht.

d. Sie steuern Aufmerksamkeitsprozesse.

e. Sie wirken sich stark auf das Funktionieren in sozialen Gefügen aus.

Emotionen, Stress und Gesundheit

6 Bei schwierigen oder komplexen Aufgaben liegt das optimale Erregungsniveau für Erfolg ...
  a. am unteren Ende des Erregungsniveaus.
  b. am oberen Ende des Erregungsniveaus.
  c. in der Mitte des Erregungsniveaus.

7 Auf welchen Ebenen können Individuen auf Bedrohung bzw. Stress reagieren?
  a. physisch
  b. emotional
  c. behavioral
  d. kognitiv

8 Welche Beziehung zeigte sich zwischen Alltagsproblemen und Gesundheitsproblemen?
  a. Je häufiger und intensiver die berichteten Alltagsprobleme waren, desto besser war die körperliche und mentale Gesundheit der Menschen.
  b. Je seltener und weniger intensiv die berichteten Alltagsprobleme waren, desto schlechter war die körperliche und mentale Gesundheit der Menschen.
  c. Je häufiger und intensiver die berichteten Alltagsprobleme waren, desto schlechter war die körperliche und mentale Gesundheit der Menschen.

9 Die kognitive Interpretation und Beurteilung eines Stressors wird als ... bezeichnet.
  a. kognitives Schließen
  b. kognitive Bewertung
  c. kognitives Urteilen

10 Was trifft auf Alltagsprobleme zu?
  a. Es besteht eine klare Beziehung zwischen Alltagsproblemen und Gesundheitsproblemen.
  b. Je häufiger und intensiver Alltagsprobleme sind, desto schlechter ist die körperliche Gesundheit.
  c. Alltagsprobleme können nicht durch alltägliche positive Erfahrungen aufgewogen werden.
  d. Je häufiger und intensiver Alltagsprobleme sind, desto schlechter ist die mentale Gesundheit.

11 Was trifft auf Coping-Reaktionen zu?
  a. Bei problemorientiertem Coping wird das Problem direkt angegangen.
  b. Bei emotionsorientiertem Coping wird das Problem direkt angegangen.
  c. Emotionsorientiertes Coping ist vor allem bei kontrollierbaren Stressoren nützlich.
  d. Emotionsorientiertes Coping ist vor allem bei unkontrollierbaren Stressoren nützlich.

12 Mentale Arten des Copings sind unter anderem …

   a. Konstruktion.

   b. Neuorientierung.

   c. Restrukturierung.

   d. Neubewertung.

13 Wie wird eine Stressimpfung laut Donald Meichenbaum ermöglicht?

   a. Aneignung eines besseren Zeitmanagements

   b. Entwicklung eines größeren Bewusstseins für eigenes Verhalten

   c. Identifizierung neuer Verhaltensweisen

   d. Bewertung der Folgen des neuen Verhaltens

14 Welche Formen der sozialen Unterstützung gibt es?

   a. soziokulturelle Unterstützung

   b. sozioemotionale Unterstützung

   c. informelle Unterstützung

   d. materielle Unterstützung

15 Burn-out im Beruf ist ein Syndrom aus …

   a. emotionaler Erschöpfung.

   b. Depolarisierung.

   c. reduziertem persönlichem Engagement.

   d. Depersonalisation.

   e. emotionaler Gleichgültigkeit.

12.3 Richtig oder Falsch?

1 Darwin sah Emotionen als angeborene, spezialisierte, mentale Zustände an, die dem Zweck dienen, mit einer bestimmten Klasse wiederkehrender Situationen in der Welt umzugehen.

   __ richtig

   __ falsch

2 Emotionstheorien versuchen im Allgemeinen, die Beziehung zwischen physiologischen und psychischen Aspekten des Erlebens von Emotion zu erklären.

   __ richtig

   __ falsch

3 Bei leicht angenehmer Stimulation ist der sympathische Teil des Autonomen Nervensystems aktiver, bei leicht unangenehmer Stimulation der parasympathische Teil.

   __ richtig

   __ falsch

4 Unterschiedliche Emotionen zeigen gleiche Muster autonomer Aktivität.
 __ richtig
 __ falsch

5 PET-Scans zeigen, dass abhängig von der Quelle der emotionalen Stimulation unterschiedliche Hirnareale aktiviert werden.
 __ richtig
 __ falsch

6 Die Cannon-Bard-Theorie gilt als peripheriebetonende Theorie, weil sie den viszeralen Reaktionen die wichtigste Rolle in der Emotionskette zuschreibt.
 __ richtig
 __ falsch

7 Die Cannon-Bard-Theorie sagt eine Abhängigkeit von körperlichen und psychischen Reaktionen voraus.
 __ richtig
 __ falsch

8 Nach der Emotionstheorie der kognitiven Bewertung ist das Erleben von Emotionen der gemeinsame Effekt von physiologischer Erregung und kognitiver Bewertung. Letztere bestimmt, wie ein mehrdeutiger innerer Erregungszustand etikettiert wird.
 __ richtig
 __ falsch

9 Beim stimmungsabhängigen Erinnern fällt es Menschen schwerer, Informationen zu erinnern, wenn ihre momentane Stimmung beim Abruf mit der Stimmung beim erstmaligen Einspeichern dieser Informationen nicht übereinstimmt.
 __ richtig
 __ falsch

10 Der Hypothalamus wird aufgrund seiner Doppelfunktion in Notfallsituationen als „Stresszentrum" bezeichnet.
 __ richtig
 __ falsch

11 Studien zeigen, dass alle Lebensereignisse die gleichen Auswirkungen auf alle Menschen besitzen.
 __ richtig
 __ falsch

12 Die posttraumatische Belastungsstörung ist ein chronisches Syndrom, bei welchem die emotionalen Reaktionen des residualen Belastungssyndroms über lange Zeit bestehen bleiben.
 __ richtig
 __ falsch

13 Die zwei Hauptwege des Copings definieren sich danach, ob das Problem direkt angegangen oder ob das mit dem Stress verbundene Unbehagen reduziert werden soll.
  __ richtig
  __ falsch

14 Unter dem Begriff "Compliance" versteht man die unkooperative und unzuverlässige Mitarbeit eines Patienten bei der Durchführung eines Behandlungsplans.
  __ richtig
  __ falsch

12.4 Antworten auf die Verständnisfragen

1 Emotionen sind komplexe Muster körperlicher und mentaler Veränderungen. Damit sind physiologische Erregung, Gefühle, kognitive Prozesse und Reaktionen im Verhalten als Antwort auf eine Situation, die als persönlich bedeutsam wahrgenommen wurde, angesprochen.

2 Interkulturelle Forschungen legen nahe, dass es sieben Gesichtsausdrücke gibt, die von Menschen im Allgemeinen weltweit erkannt werden.

3 Das Autonome Nervensystem spielt eine wichtige Rolle bei der Erzeugung der physiologischen Aspekte von Emotionen (z.B. Herzrasen, schwitzende Hände).

4 Sie gilt als peripheriebetonende Theorie, weil sie die wichtigste Rolle in der Emotionskette den viszeralen Reaktionen zuschreibt, jenen Aktionen des Autonomen Nervensystems, die sich in der Peripherie des Zentralnervensystems befinden.

5 Die Cannon-Bard-Theorie schlägt vor, dass ein emotionaler Stimulus gleichzeitig Erregung und ein emotionales Gefühl erzeugt.

6 Robert Zajonc zeigte Bedingungen auf, unter denen es möglich ist, Vorlieben ohne Schlussfolgerungen zu haben, und zu fühlen, ohne zu wissen warum. Diese Hypothese untersuchte er mit Experimenten zum Effekt der Darbietungshäufigkeit.

7 Menschen sind in negativen Stimmungen vorsichtiger und demnach häufig höflicher.

8 Menschen können leichter Informationen abrufen, wenn ihre Stimmung beim Abrufen derjenigen beim Enkodieren entspricht – dies ist stimmungsabhängiges Sich-Erinnern.

9 KRITISCHES DENKEN: Die Frage, ob der gezeigte Gegenstand in einen Schuhkarton passen würde oder nicht, könnte dazu dienen, die Probanden auf eine „falsche Fährte" zu locken. Die Probanden werden im Glauben gelassen, dass es bei der Studie lediglich um die Einschätzung geht, ob ein Gegenstand in einen Schuhkarton passt oder nicht. Das tatsächliche Ziel der Studie war jedoch, zu zeigen, ob Emotionen dabei helfen, die Aufmerksamkeit auf visuelle Einzelheiten zu lenken.

10 Ein Stressor ist ein Ereignis, das von einem Organismus eine Art von Anpassungsreaktion erfordert. Die Reaktion eines Individuums auf die Notwendigkeit einer Veränderung besteht in einer Kombination von Reaktionen.

11 Die meisten Menschen assoziieren Stress mit Distress und nehmen dabei an, jeglicher Stress sei schlecht. Es gibt jedoch auch Eustress – positiven Stress.

12 Vorübergehende Erregungszustände mit typischerweise klarem Anfangs- und Endmuster sind Beispiele für akuten Stress. Chronischer Stress hingegen ist ein Zustand anhaltender Erregung, die sich über eine gewisse Zeit erstreckt und in der Anforderungen als größer wahrgenommen werden als die inneren und äußeren Ressourcen, die für die Bewältigung zur Verfügung stehen.

13 Die drei Stufen des allgemeinen Adaptationssyndroms sind Alarmreaktion (kurze Perioden körperlicher Erregung), Widerstand (ein Zustand moderater Erregung) und Erschöpfung (die Ressourcen des Körpers gehen zur Neige).

14 Teilnehmer aus den 1990er Jahren gaben mehr Lebensveränderungseinheiten an, erlebten also stärkeren Stress als die Menschen der 1960er Jahre.

15 Im Allgemeinen haben Alltagsärgernisse einen negativen Effekt auf das Wohlbefinden, alltägliche Freuden einen positiven.

16 Stressmoderatorvariablen sind Variablen, welche die Auswirkung eines Stressors auf eine bestimmte Stressreaktion verändern. Sie filtern oder modifizieren die üblichen Effekte von Stressoren auf die Reaktion des Individuums.

17 Bei emotionsorientiertem Coping verbessern die Betroffenen ihr Befinden durch Aktivitäten, die den Stressfaktor nicht direkt ändern.

18 Wenn Menschen nicht daran glauben, die Kontrolle über eine Stresssituation zu haben, riskieren sie mangelhafte körperliche und psychische Anpassung.

19 Man findet positive Aspekte in negativen Lebenserfahrungen.

20 KRITISCHES DENKEN: Jurastudenten eignen sich besonders gut, da sie vielen unterschiedlichen Stressfaktoren ausgesetzt sind. Des Weiteren eignen sie sich, da ihre Noten am Ende des Semesters mit den Voraussagen des standardisierten LSAT-Tests verglichen werden können.

21 Forschungsprojekte, die die Ähnlichkeit des Tabakkonsums bei eineiigen und zweieiigen Zwillingen verglichen, haben ergeben, dass Rauchgewohnheiten tatsächlich eine genetische Komponente besitzen.

22 Erfolgreiche AIDS-Interventionen müssen Informationen bereitstellen, Motivation fördern und richtiges Verhalten lehren.

23 Um die Entspannungsreaktion zu erzeugen, müssen Menschen eine ruhige Umgebung finden, wo sie in einer bequemen Haltung mit geschlossenen Augen ruhen und eine sich wiederholende geistige Übung durchführen können.

24 Forscher auf dem Gebiet der Psychoneuroimmunologie versuchen zu verstehen, welchen Einfluss psychische Zustände auf das Immunsystem haben.

25 Feindseligkeit ist der Persönlichkeitsaspekt von Typ A, der ein Krankheitsrisiko darstellt.

26 Burn-out im Beruf ist ein Zustand emotionaler Erschöpfung, der Depersonalisation und dem Gefühl verminderter persönlicher Leistungsfähigkeit.

27 KRITISCHES DENKEN: Die Kontrollgruppe sollte ebenfalls Texte niederschreiben, damit die Bedingungen mit denen der Experimentalgruppe, welche an einem "Emotional Writing" teilnahmen, vergleichbar waren. Des Weiteren konnte so besser überprüft werden, ob Patienten, welche über neutrale Ereignisse schreiben sollten, auch keine emotionalen Erfahrungen schilderten und somit die Ergebnisse verzerrten, indem sie, genau wie die Experimentalgruppe, durch das Niederschreiben von Emotionen ihren Gesundheitszustand verbesserten.

12.5 Antworten auf die Multiple-Choice-Fragen

1. b)
2. c)
3. b)
4. b)
5. a), b), c), d), e)
6. a)
7. a), b), c), d)
8. c)
9. b)
10. a), b), d)
11. a), d)
12. c), d)
13. b), c), d)
14. b), d)
15. a), d), e)

12.6 Richtig oder Falsch?

1 Richtig. Darwin interessierte sich vor allem für die adaptiven Funktionen von Emotionen, um mit wiederkehrenden Situationen in der Welt umzugehen.

2 Richtig. Die Forschung von emotionalen Gesichtsausdrücken kann als Beispiel dafür genommen werden, dass einige physiologische Reaktionen auf emotionale Situationen (z.B. Lächeln, Grimassen) angeboren sind. Im Allgemeinen versuchen Emotionstheorien, die Beziehung zwischen physiologischen und psychischen Aspekten des Erlebens von Emotionen zu erklären.

3 Falsch. Bei leicht angenehmer Stimulation ist der parasympathische Teil des Autonomen Nervensystems aktiver, bei leicht unangenehmer Stimulation der sympathische Teil.

4 Falsch. Forscher haben die Frage kontrovers diskutiert, ob durch bestimmte emotionale Erfahrungen unterscheidbare Aktivationsmuster im Autonomen Nervensystem entstehen. Die kulturvergleichende Forschung nimmt an, dass diese Frage bejaht werden kann.

5 Richtig. fMRT-Scans, bei denen die Probanden positive Bilder (z.B. Welpen) und negative Bilder (z.B. Spinnen) betrachteten, zeigen, dass bei positiven Bildern eine größere Aktivität in der linken Hirnhälfte und bei negativen Bildern in der rechten Hirnhälfte zu erkennen ist. Daraufhin haben Forscher vorgeschlagen, dass es im Gehirn zwei unterschiedliche Systeme für annäherungsbezogene (bei positiven Bildern) und rückzugsbezogene (bei negativen Bildern) emotionale Reaktionen gibt.

6 Falsch. Die Cannon-Bard-Theorie gilt als zentralistische Theorie, weil der Fokus auf der Aktivität des Zentralnervensystems liegt.

7 Falsch. Die Theorie behauptet, dass ein emotionaler Stimulus zwei gleichzeitige Reaktionen (Erregung und das Erleben von Emotionen) hervorruft, die einander nicht bedingen. Ärgert man sich über etwas, steigt die Pulsfrequenz im selben Moment, in dem man denkt „Ich bin sauer!" – aber weder Körper noch Geist geben dem jeweils anderen vor, wie er zu reagieren habe. Körperliche und psychische Reaktionen sind somit unabhängig voneinander.

8 Richtig. Sowohl die physiologische Erregung als auch die kognitive Bewertung sind für das Auftreten einer Emotion notwendig. Jegliche Erregung wird für allgemein und undifferenziert gehalten. Dies ist der erste Schritt in der Emotionskette. Danach schätzt man seine körperliche Erregung ein, um zu entdecken, was man gerade fühlt, welche emotionale Bezeichnung am besten passt und was die eigene Reaktion in der entsprechenden Situation bedeutet, in der sie erfahren wird.

9 Richtig. Bowers Modell nimmt an, dass eine Emotion, die eine Person in einer bestimmten Situation erfährt, zusammen mit den begleitenden Ereignissen als Teil des gleichen Kontextes im Gedächtnis gespeichert wird. Dieses Muster von Gedächtnisrepräsentationen führt zu stimmungskongruenter Verarbeitung und zu stimmungsabhängigem Erinnern.

10 Richtig. Er steuert das Autonome Nervensystem und des Weiteren aktiviert er die Hirnanhangdrüse.

11 Falsch. Untersuchungen zeigen, dass nicht alle Lebensereignisse die gleichen Auswirkungen auf alle Menschen haben. In einer Studie über das Aufschiebeverhalten zeigte sich, dass Nichtaufschieber, die sich rechtzeitig an die Arbeit machten, den Stress mit seinen Symptomen früher im Semester erlebten. Die Folge für die Aufschieber, die den Stress früh im Semester vermieden, war ein starker Anstieg körperlicher Beeinträchtigung gegen Ende des Semesters.

12 Falsch. Die emotionalen Reaktionen der posttraumatischen Belastungsstörung (PBS) können in einer akuten Form unmittelbar nach einem traumatischen Vorkommnis auftreten und im Laufe mehrerer Monate zurückgehen. Bei Untersuchungen zwei Wochen nach einer Vergewaltigung wurde bei 94% der Opfer eine PBS diagnostiziert, zwölf Wochen später nur noch bei 51%.

13 Richtig. Das problemorientierte Coping besagt, dass man den Stressor oder den Bezug dazu verändern sollte mithilfe direkter Handlungen und/oder problemlösender Aktivitäten. Das emotionsorientierte Coping besagt, dass man sich selbst verändern sollte mithilfe von Aktivitäten, durch die man sich besser fühlt, ohne jedoch den Stressor zu verändern.

14 Falsch. Unter dem englischen Begriff "Compliance" versteht man die kooperative und zuverlässige Mitarbeit eines Patienten bei der Durchführung eines Behandlungsplans.

Die menschliche Persönlichkeit

13.1 Verständnisfragen 140
13.2 Multiple-Choice-Fragen 142
13.3 Richtig oder Falsch? 144
13.4 Antworten auf die Verständnisfragen 145
13.5 Antworten auf die Multiple-Choice-Fragen 149
13.6 Richtig oder Falsch? 149

13.1 Verständnisfragen

1. Welche beiden grundsätzlichen Ansätze gibt es zur Beschreibung der Persönlichkeit? Worin unterscheiden sie sich?

2. Was sind "Traits"?

3. Beschreiben Sie die drei Arten von "Traits" nach Allport und nennen Sie jeweils ein Beispiel.

4. Was sind die Endpunkte der Trait-Dimension „Neurotizismus"?

5. Was sind die "Big Five"? Beschreiben und erklären Sie die wesentlichen Aspekte dieses Modells.

6. Wie erfasst die Forschung die Erblichkeit von "Traits"?

7. Was ist das Konsistenzparadox?

8. KRITISCHES DENKEN: Warum wurde in der Studie, mit der die Erblichkeit der fünf Faktoren untersucht wurde, jeder fremde Beurteiler (d.h. Freunde und Familienangehörige) nur um Informationen über einen der Zwillinge gebeten?

9. Wie erklärt Freud die Entwicklung von bestimmten Persönlichkeitseigenschaften?

10. Welche Verhaltensweisen könnten nach Freuds Theorie aus einer Fixierung in der oralen Phase der Persönlichkeitsentwicklung resultieren?

11. Was ist der „psychologische Determinismus"?

12. Was sind Abwehrmechanismen? Beschreiben Sie deren Funktionsweise.

13. Obwohl Leon hochgradig aggressiv ist, sieht er die Schuld für Raufereien stets bei anderen. Welcher Ich-Abwehrmechanismus könnte hier vorliegen?

14. Üben Sie Kritik an Freuds Persönlichkeitstheorie.

15. Stellen Sie dar, wie Freuds Anhänger seine Theorie weiterentwickelt haben.

16. Skizzieren Sie die Theorie von Alfred Adler.

17. Was sind „Archetypen"?

18. KRITISCHES DENKEN: Erinnern Sie sich an die Studie über den Einsatz von Ich-Abwehrmechanismen. Warum wurde gerade ein Zurückweisungserlebnis eingesetzt, um Angst hervorzurufen?

19. Was ist Selbstverwirklichung?

20. Inwieweit sind humanistische Theorien dispositional?

21. Was ist eine Psychobiografie?

22 Beschreiben Sie die Kernideen sozialer Lerntheorien und kognitiver Theorien.

23 Welche fünf Variablen erklären in Walter Mischels Theorie individuelle Unterschiede?

24 Was versteht man unter dem „reziproken Determinismus"?

25 Was versteht man unter dem Konzept der Selbstwirksamkeit?

26 Wie wird soziale Intelligenz definiert?

27 KRITISCHES DENKEN: Warum war es wichtig, die Studie über das Selbstregulationsvermögen als Längsschnittstudie anzulegen?

28 Welche Faktoren beeinflussen nach Cantor das Verhalten der Menschen?

29 Was versteht man unter „Selbstkonzept"?

30 Welche Rolle spielen mögliche Selbste für die Motivation?

31 Was ist Selbstbeeinträchtigung?

32 Was bedeutet es, ein interdependentes Selbstbild zu haben?

33 KRITISCHES DENKEN: Warum fragten die Versuchsleiter der Studie über Selbstbeeinträchtigung bei Studierenden jeden der Probanden nach der Note, mit der er zufrieden wäre?

34 Nennen Sie fünf Dimensionen, durch die man verschiedene Persönlichkeitstheorien beschreiben und zueinander in Vergleich setzen kann.

35 In welcher Weise unterscheiden sich die Persönlichkeitstheorien voneinander hinsichtlich der Dimension „Anlage vs. Umwelt"?

36 Konzentriert sich Freuds Persönlichkeitstheorie am stärksten auf die Vergangenheit, die Gegenwart oder die Zukunft?

37 Welche Dimension der Persönlichkeitstheorien bezieht sich auf die eigene Wahrnehmung verhaltensformender Kräfte?

38 In welche beiden Gruppen können Persönlichkeitstests eingeteilt werden? Erklären Sie diese näher und nennen Sie jeweils Beispiele.

39 Welchem Zweck dienen die zehn klinischen Skalen des MMPI?

40 Welchem Zweck dient das "NEO Personality Inventory" (NEO-PI)?

41 Welche drei Hauptmerkmale benutzen Kliniker, um Antworten im Rorschach-Test zu interpretieren?

42 Nennen Sie Vor- und Nachteile von projektiver Verfahren.

13.2 Multiple-Choice-Fragen

1 Bei wessen Persönlichkeitstheorie erfolgt die Kategorisierung durch Typen?
   a. Hippokrates
   b. Eysenck
   c. Allport
   d. Cattell
   e. Sulloway

2 Hippokrates unterscheidet folgende Temperamente:
   a. sanguines, phlegmatisches, melanomes, cholerisches
   b. phlegmatisches, flexibles, melanomes, cholerisches
   c. sanguines, phlegmatisches, melancholisches, cholerisches
   d. sanguines, phlegmatisches, melancholisches, cholischese

3 Welche Aussagen zur Persönlichkeitstheorie nach Sulloway sind zutreffend?
   a. Erstgeborene bevorzugen Innovation.
   b. Nachgeborene bevorzugen den Status quo.
   c. Die Typologie basiert auf der Geburtsreihenfolge.
   d. Sulloway bezieht Darwins Idee der „Nische" mit ein.

4 Welche Dimensionen enthält die Persönlichkeitstheorie nach Eysenck?
   a. Extraversion
   b. Offenheit für neue Erfahrungen
   c. Gewissenhaftigkeit
   d. Psychotizismus

5 Wer ist als psychodynamischer Theoretiker einzuordnen?
   a. Rogers
   b. Mischel
   c. Adler
   d. Maslow
   e. Bandura

6 Humanistische Persönlichkeitstheorien …
   a. sind existenzialistisch.
   b. sind holistisch.
   c. sind phänomenologisch.
   d. betonen das Streben nach Selbstverwirklichung.

7 Ein zentraler Begriff in Banduras sozial-kognitiver Lerntheorie ist der ...
  a. retrograde Determinismus.
  b. retrospektivische Determinismus.
  c. reziproke Determinismus.
  d. rezeptive Determinismus.

8 Welche Aussagen stimmen bezüglich der Dimension Vergangenheit vs. Gegenwart vs. Zukunft?
  a. Freudianische Theorien betonen Ereignisse in der frühen Kindheit.
  b. Soziale Lerntheorien beziehen Vergangenheit und Gegenwart ein.
  c. Humanistische Theorien betonen nur die Vergangenheit.
  d. Kognitive Theorien und Theorien des Selbst betonen Vergangenheit, Gegenwart und Zukunft.

9 Skalen des MMPI-2 sind ...
  a. Hypochondrie.
  b. Depression.
  c. Psychasthenie.
  d. Extraversion.

10 Welche Informationsquellen werden nach Bandura neben dem tatsächlich Erreichten zur Bewertung der Selbstwirksamkeit genutzt?
  a. stellvertretende Erfahrung
  b. Ziele und Werte
  c. Überzeugung
  d. Erwartungen

11 Welche Aussagen zu Selbstwertgefühl und Selbstdarstellung sind zutreffend?
  a. Menschen mit großem Selbstwertgefühl geben bei der Einschätzung der Ober- und Untergrenzen ihrer Fähigkeiten größere Spannweiten an.
  b. Selbstbeeinträchtigung ist wahrscheinlicher, wenn Menschen wissen, dass ihre Ergebnisse veröffentlicht werden.
  c. Menschen mit geringem Selbstwertgefühl schreiben sich weniger Fähigkeiten zu.
  d. Ein hohes Selbstwertgefühl ist als Prädiktor für tatsächliche Leistung geeignet.
  e. Bei Männern ist ein hohes Maß an Selbstbeeinträchtigung mit einem geringeren Selbstwertgefühl verbunden.

12 Projektive Tests ...
  a. enthalten mehrdeutige Stimuli.
  b. sind objektiv auswertbar.
  c. sind z.B. TUT und CUT.
  d. besitzen festgelegte Antwortmöglichkeiten.

13.3 Richtig oder Falsch?

1 Einzigartigkeit und charakteristische Verhaltensmuster sind zwei grundlegende Konzepte für alle Persönlichkeitstheorien.
  __ richtig
  __ falsch

2 William Sheldon erstellte eine Persönlichkeitstypologie, die auf dem Körperbau des Menschen basiert.
  __ richtig
  __ falsch

3 Allport definierte drei Arten von "Traits": kardinale, zentrale und tertiäre.
  __ richtig
  __ falsch

4 Forschungen in der Verhaltensgenetik zeigen, dass Persönlichkeitseigenschaften durch genetische Faktoren beeinflusst werden.
  __ richtig
  __ falsch

5 Psychodynamische Theorien besagen, dass vor allem die Umwelt die Persönlichkeit formt.
  __ richtig
  __ falsch

6 Humanistische Theorien sind holistisch.
  __ richtig
  __ falsch

7 William James unterscheidet „materielles Ich", „soziales Ich" und „spirituelles Ich".
  __ richtig
  __ falsch

8 Mitglieder von individualistischen Kulturen neigen dazu, ein interdependentes Verständnis des Selbst zu entwickeln.
  __ richtig
  __ falsch

9 Das NEO-PI ist ein projektives Verfahren.
  __ richtig
  __ falsch

10 Der Rorschach-Test ist ein projektives Verfahren, bei dem mehrdeutige Tintenklecksfiguren gedeutet werden sollen.
  __ richtig
  __ falsch

13.4 Antworten auf die Verständnisfragen

1 Man unterscheidet zwischen der Kategorisierung anhand von Typen und anhand von "Traits". Typologien ordnen Menschen in klar getrennte, diskontinuierliche Kategorien (sog. Persönlichkeitstypen) ein. Dabei gibt es keine Abstufungen, denn Persönlichkeitstypen sind nach dem Alles-oder-Nichts-Konzept aufgebaut. Trait-Theorien hingegen basieren auf kontinuierlichen Persönlichkeitsdimensionen. Sie beschreiben die Persönlichkeit eines Menschen anhand des Ausprägungsausmaßes eines Merkmals.

2 "Traits" sind relativ stabile persönliche Eigenschaften oder Attribute, die das Verhalten über verschiedene Situationen hinweg beeinflussen. Sie bilden daher die fundamentalen Einheiten der Persönlichkeit.

3 1. Kardinale "Traits". Sie bilden so umfassende Merkmale, dass sie das Leben eines Menschen in weitem Maße prägen. Allerdings sind sie nicht bei allen Menschen vorhanden. Beispiel: Nächstenliebe von Mutter Theresa. 2. Zentrale "Traits". Sie bilden die wesentlichen Charakteristika einer Person. Beispiel: Ehrlichkeit. 3. Sekundäre "Traits". Sie sind spezifische, individuelle Merkmale, die zur Verhaltensvorhersage, aber nicht zum tieferen Verstehen der Persönlichkeit beitragen. Beispiel: Kleidungspräferenzen.

4 Neurotizismus wird als Dimension mit den Endpunkten „stabil, ruhig und ausgeglichen" gegenüber „ängstlich, labil und launisch" definiert.

5 Seit einigen Jahren herrscht Konsens darüber, dass die Persönlichkeit in einem Fünf-Faktoren-Modell gut repräsentiert wird. Dieses datenbasierte (nicht theoriegestützte) Modell – informell „Big Five" genannt – bildet gewissermaßen die Quintessenz der Persönlichkeitsforschung, da es die Beziehung zwischen gängigen Trait-Begriffen, theoretischen Konzepten und Persönlichkeitsskalen aufzeigt. Die extrahierten Faktoren sind 1. Extraversion, 2. Verträglichkeit, 3. Gewissenhaftigkeit, 4. Neurotizismus, 5. Offenheit für neue Erfahrungen.

6 Um die Erblichkeit von "Traits" zu erfassen, sind Studien durchgeführt worden, die die Ähnlichkeit von "Traits" bei eineiigen und zweieiigen Zwillingen miteinander vergleichen.

7 Das Konsistenzparadox bezieht sich auf den Befund, dass Menschen häufig andere Personen als konsistente Persönlichkeiten beschreiben, obwohl deren Verhalten situationsabhängig oft inkonsistent ist.

8 KRITISCHES DENKEN: Möglicherweise beeinflusst die Beschreibung des ersten Zwillings die Art der Beschreibung des zweiten Zwillings. Es wäre denkbar, dass gezielt Gemeinsamkeiten oder auch Unterschiede der Geschwister betont werden.

9 Freud unterscheidet fünf verschiedene Phasen der psychosozialen Entwicklung. Sowohl Unter- als auch Überstimulation der jeweiligen erogenen Zone führt zur Fixierung – einer Unfähigkeit, sich normal zur nächsten Phase weiterzuentwickeln. Frühe Kindheitserfahrungen sind somit maßgeblich für die Persönlichkeitsbildung und die Verhaltensmuster im Erwachsenenalter.

10. Der Betreffende könnte vielleicht Angewohnheiten wie Rauchen und übermäßiges Essen haben sowie übermäßig passiv oder leichtgläubig sein.

11. Unter „psychologischem Determinismus" versteht man die Annahme, dass alle Reaktionen auf Verhaltensebene oder auf geistiger Ebene durch frühere Erfahrungen determiniert sind.

12. Abwehrmechanismen, die in der Latenzphase aufgrund der Sozialisation entwickelt werden, sind automatische und meist unbewusste Vorgänge, mit dem sich das Ich vor unangenehmen Emotionen (z.B. Angst) zu schützen versucht. Hierbei wird Unangenehmes aus dem Bewusstsein ins Unbewusste gedrängt.

13. Leon benutzt möglicherweise den Abwehrmechanismus der Projektion – er überträgt die Schuld für Schwierigkeiten sowie seine eigenen Motive auf andere Menschen.

14. Freud gibt keine operationalen Definitionen für seine Konzepte, was eine wissenschaftliche Evaluation unmöglich macht. Außerdem sind keine validen Vorhersagen möglich, da die Theorie retrospektiv Anwendung findet und auch aktuellen Reizen wenig Beachtung schenkt. Weitere Kritikpunkte sind die androzentrische Konzeption, das Herunterspielen traumatischer Erfahrungen sowie die Negation des freien Willens, wodurch Menschen von Verantwortung entbunden werden.

15. Alfred Adler, Carl Jung und Karen Horney entwickelten Freuds Theorie weiter, indem sie folgende Veränderungen einführten: Zunächst legten sie größeren Wert auf die Ich-Funktionen und die Abwehrmechanismen und legten weniger Wert auf die Bedeutung sexueller Triebe. Außerdem berücksichtigten sie auch soziale Variablen und weiteten die Persönlichkeitstheorie ausgehend von der Kindheit auf die gesamte Lebensspanne hin aus.

16. Um die Menschen zu verstehen, muss man ihre Ziele verstehen. Adler ging davon aus, dass das Leben dominiert ist vom Streben nach Überwindung des Minderwertigkeitsgefühls. Dabei beschreibt „Kompensation" das Streben nach Gleichwertigkeit und „Überkompensation" das Streben nach Überlegenheit. Die Persönlichkeit ist um dieses Streben herum organisiert.

17. Archetypen sind eine universelle, ererbte, primitive und symbolische Repräsentation einer bestimmten Erfahrung oder eines bestimmten Objekts. Dabei sind sie mit einer bestimmten Tendenz assoziiert, diese in besonderer Weise zu erleben.

18. KRITISCHES DENKEN: Finden Sie Argumente selbstständig.

19. Selbstverwirklichung beschreibt den Drang eines Menschen, sein innewohnendes Potenzial zu erreichen.

20. Humanistische Theorien befassen sich mit den angeborenen Eigenschaften von Menschen, die ihr Verhalten beeinflussen.

21. Eine Psychobiografie setzt psychologische Theorien ein, um ein kohärentes Bild über die Entwicklung des Lebens eines Menschen zu erstellen.

13.4 Antworten auf die Verständnisfragen

22 Forscher aus dem Bereich der sozialen Lerntheorien konzentrieren sich darauf, interindividuelle Unterschiede in Verhalten und Persönlichkeit als Folge von unterschiedlichen Verstärkungsgeschichten zu verstehen. Kognitive Theoretiker betonen die interindividuellen Unterschiede bei der Wahrnehmung und Interpretation der Umwelt.

23 Mischels Theorie konzentriert sich auf Enkodierungen, Erwartungen und Überzeugungen, Affekte, Ziele und Werte sowie auf Kompetenzen und Pläne zur Selbstregulierung.

24 Laut Bandura interagieren die Charaktereigenschaften eines Individuums, sein Verhalten und die Umgebung miteinander und beeinflussen und verändern sich somit gegenseitig. Verhalten kann daher von Einstellungen des Individuums oder der vorangegangenen Verstärkergeschichte genauso beeinflusst werden wie von aktuell in der Umwelt vorhandenen Reizen.

25 Unter Selbstwirksamkeit versteht man die Menge an Überzeugungen, dass man sich in einer bestimmten Situation angemessen verhalten kann. Dies verändert Wahrnehmung, Motivation und Leistung – der Mensch kann sein Verhalten also selbst beeinflussen.

26 Soziale Intelligenz bezieht sich auf die Expertise, mit der Menschen die Aufgaben des Lebens meistern.

27 KRITISCHES DENKEN: Bei einer Konzeption als Querschnittstudie könnte man nicht überprüfen, ob sich die Selbstregulationseinschätzung als valider Prädiktor für künftiges, gewalttätiges Verhalten erweist oder nicht.

28 Nach Cantor gibt es drei Arten interindividueller Unterschiede, die Einfluss auf das menschliche Verhalten nehmen: die Wahl der Lebensziele, vorhandenes Wissen und Lösungsstrategien.

29 Das Selbstkonzept ist eine dynamische, mentale Struktur, die persönliches und zwischenmenschliches Verhalten und Prozesse motiviert, interpretiert, organisiert, vermittelt und reguliert. Das Selbstkonzept umfasst viele Komponenten, wie etwa das ideale Selbst, das mögliche Selbst, Überzeugungen über Werte, Motive, Fähigkeiten, aber auch Erinnerungen an sich selbst oder Meinungen, wie andere über einen denken. Die emotionale Komponente des Selbstkonzepts bildet das Selbstwertgefühl, welches positive und negative Selbstbewertungen beschreibt.

30 Mögliche Selbste motivieren Verhalten, indem sie Menschen in Betracht ziehen lassen, welche Verhaltensweisen konsistent mit dem gewünschten oder zu vermeidenden „Selbst" sind.

31 Selbstbeeinträchtigung trifft dann zu, wenn Menschen Verhaltensweisen zeigen, die ihnen eine Attribution eigener Fehler auf Ursachen außerhalb eigener mangelnder Fähigkeit erlauben.

32 Menschen mit einem interdependenten Selbstbild erfahren sich als ein Element einer größeren sozialen Struktur. Dies ist typisch für Menschen in kollektivistischen Kulturen.

Die menschliche Persönlichkeit

33 KRITISCHES DENKEN: Grundvoraussetzung bei der Durchführung der Studie ist es, ein Misserfolgserlebnis bei den Teilnehmern zu provozieren. Dies ist nur möglich, wenn die Forscher die Erwartungshaltung der Teilnehmer kennen.

34 1. Anlage vs. Umwelt, 2. Lernprozesse vs. angeborene Gesetzmäßigkeiten des Verhaltens, 3. Betonung von Vergangenheit, Gegenwart oder Zukunft, 4. Bewusstes vs. Unbewusstes, 5. innere Disposition vs. äußere Situation.

35 Einige Theorien (z.B. Freudianische Theorien) erklären individuelle Unterschiede, indem sie sich auf die genetische Ausstattung jedes Menschen konzentrieren, während andere Theorien (z.B. humanistische Theorien, soziale Lerntheorien, kognitive Theorien und Theorien des Selbst) sich auf die Lebenserfahrung berufen, die die Persönlichkeit jedes Menschen geformt haben. Trait-Theorien sind sich bezüglich dieser Frage uneins.

36 Freuds Theorie betont, wie Ereignisse in der frühen Kindheit – der Vergangenheit – die Persönlichkeit eines Erwachsenen prägen. Gegenwärtige oder zukünftige Ereignisse erfahren kaum Gewicht.

37 Die relevante Dimension der Persönlichkeitstheorien ist Bewusstheit-Unbewusstheit.

38 Man unterscheidet zwischen objektiven Tests und projektiven Tests. Bei objektiven Tests werden dem Teilnehmer Aussagen vorgelegt, auf die er einfache Reaktionen geben soll („richtig" – „falsch" – „weiß nicht") oder er soll sich selbst hinsichtlich einer bestimmten Dimension beurteilen („ängstlich" vs. „nicht ängstlich"). Beispiele wären der MMPI oder das NEO-PI. Bei projektiven Tests sind keine Antwortmöglichkeiten vorgegeben. Dem Teilnehmer wird mehrdeutiges Stimulusmaterial vorgelegt, welches er beschreiben und interpretieren soll. Beispiele sind der TAT oder der Rorschach-Test.

39 Jede der zehn klinischen Skalen des MMPI soll Menschen, die eine spezifische klinische Störung haben, von denen trennen, die sie nicht haben.

40 Das NEO-PI misst die fünf Persönlichkeitszüge, die vom Fünf-Faktoren-Persönlichkeitsmodell definiert werden.

41 Kliniker werten die Ergebnisse von Rorschach-Tests nach Erfassungsmodus, Inhalt und Determination aus.

42 Vorteile projektiver Verfahren sind, dass sie den Teilnehmer nicht an vorgefertigte Antwortmöglichkeiten binden und durch die Interpretation der mehrdeutigen Stimuli zum Teil unbewusste Motive, Konflikte und tiefliegende Gefühle erkennbar werden können. Außerdem sind projektive Tests weniger anfällig für sprachliche Unterschiede. Nachteil ist allerdings die mangelnde Gewährleistung der Objektivität. Wegen der großen Bekanntheit mancher projektiver Verfahren ist weiterhin die Validität infrage zu stellen.

13.5 Antworten auf die Multiple-Choice-Fragen

1 a), e)

2 c)

3 c), d)

4 a), d)

5 c)

6 a), b), c), d)

7 c)

8 a), b), d)

9 a), b), c)

10 a), c)

11 b), c)

12 a)

13.6 Richtig oder Falsch?

1 Richtig. Das Konzept „Persönlichkeit" wird zwar auf viele unterschiedliche Weisen definiert, jedoch sind die Konzepte der Einzigartigkeit und der charakteristischen Verhaltensmuster allen gemein.

2 Richtig. Sheldon unterteilt Menschen in drei Kategorien auf Basis ihres Körperbaus: 1. endomorph (fett, weich, rund), 2. mesomorph (muskulös, athletisch, stark), 3. ektomorph (dünn, groß, anfällig).

3 Falsch. Allport unterscheidet zwischen kardinalen, zentralen und sekundären "Traits".

4 Richtig. Erblichkeitsstudien zeigen, dass fast alle Persönlichkeitseigenschaften durch genetische Faktoren beeinflusst werden.

5 Falsch. Gemäß den psychodynamischen Persönlichkeitstheorien formen mächtige, im Wettstreit liegende, innere Kräfte die Persönlichkeit und motivieren das Verhalten. „Libido" bildet dabei die Energiequelle für sexuelles Verlangen und „Thanatos" beschreibt eine negative, aggressive, zerstörerische Kraft.

6 Richtig. Humanistische Theorien verstehen den Menschen nicht als Summe diskreter "Traits" und beschreiben einzelne Handlungen in Begriffen der gesamten Persönlichkeit. Das „Ganze" ist mehr als die Summe seiner Teile.

7 Richtig. Das „materielle Ich" beschreibt das körperliche Selbst und materielle Objekte, das „soziale Ich" entspricht dem Bewusstsein dessen, wie andere einen sehen, und mit dem „spirituellen Ich" ist ein Selbst gemeint, das private Gedanken und Gefühle überwacht.

8 Falsch. Individualistische Kulturen fördern ein eigenständiges, d.h. independentes Verständnis des Selbst. Verhalten soll nicht in Bezug auf Gedanken, Gefühle und Handlungen anderer Bedeutung erlangen, sondern in Bezug auf sich selbst. Jeder soll sich daher als Individuum verstehen.

9 Falsch. Das NEO-PI ist den objektiven Persönlichkeitstests zuzuordnen.

10 Richtig. Der von Hermann Rorschach entwickelte projektive Test verwendet Tintenkleckse als mehrdeutiges Stimulusmaterial.

Psychische Störungen

14.1 Verständnisfragen 152
14.2 Multiple-Choice-Fragen 154
14.3 Richtig oder Falsch? 157
14.4 Antworten auf die Verständnisfragen 158
14.5 Antworten auf die Multiple-Choice-Fragen 162
14.5 Antworten auf die Multiple-Choice-Fragen 162

14.1 Verständnisfragen

1. Was versteht man unter psychischen Störungen?

2. Toms Angst vor Spinnen ist so ausgeprägt, dass er einen Raum erst dann betritt, wenn eine Person seines Vertrauens ihm versichert, dass der Raum spinnenfrei sei. Nach welchen Kriterien könnten wir Toms Verhalten als „abweichend" bezeichnen?

3. Nach DSM-IV-TR werden sieben Kriterien unterschieden, anhand derer man Verhalten als „abweichend" einstufen kann. Was ist dabei kritisch zu beachten?

4. Was sind drei wichtige Vorteile der Klassifikation psychischer Erkrankungen?

5. Warum spielt die Kultur eine Rolle in der psychopathologischen Diagnostik?

6. KRITISCHES DENKEN: Nennen Sie einen möglichen Grund, warum David Rosenhan und die sieben anderen Menschen, die sich für die Studie in psychiatrische Kliniken einwiesen ließen, als ihr imaginäres Krankheitssymptom „Halluzinationen" angaben.

7. Warum liegt der Schwerpunkt des DSM-IV-TR auf der *Beschreibung* von Symptomen und Störungsverläufen?

8. Nennen Sie die fünf Diagnoseachsen des DSM-IV.

9. Worin unterscheidet sich Philippe Pinels Auffassung psychischer Erkrankungen von der seiner Zeitgenossen?

10. Stellen Sie die Ursachen psychischer Störungen in verschiedenen psychologischen Ansätzen gegenüber.

11. In welcher Beziehung stehen Furcht und Phobien?

12. Was ist der Unterschied zwischen Zwangsgedanken und Zwangshandlungen?

13. Inwiefern kann man davon sprechen, dass wir bei Phobien auf spezifische Inhalte „vorbereitet" sind? Üben Sie auch Kritik an dieser Aussage.

14. KRITISCHES DENKEN: Denken Sie an die Studie, in der die Teilnehmer sich Gedächtnisinhalte ins Bewusstsein rufen sollten, während fMRT-Scans von ihnen angefertigt wurden. Warum könnten die Experimentatoren die drei Kategorien trauriger, Angst erregender und traumatischer Erinnerungen gewählt haben?

15. Welche Erfahrungen charakterisieren eine bipolare Störung?

16. Durch welche Dimensionen wird der Attributionsstil einer Person charakterisiert? Welcher Attributionsstil ist als Risikofaktor für Depression anzusehen?

17. Beschreiben Sie den Einfluss des Geschlechts auf die Prävalenz affektiver Störungen und geben Sie mögliche Gründe dafür an.

18. Aus welchen Arten negativer Kognition besteht in Aaron Becks Theorie die kognitive Triade?

14.1 Verständnisfragen

19 Wie lauten einige der Suizidrisikofaktoren bei Jugendlichen?

20 KRITISCHES DENKEN: Warum war es in der Studie über Stimmungskongruenz bei Major Depression wichtig, dass auf die Teilnehmer kein Zeitdruck bei der Erinnerungsaufgabe ausgeübt wurde?

21 Was sind Persönlichkeitsstörungen?

22 Beschreiben Sie, wie im DSM-IV Persönlichkeitsstörungen codiert und gruppiert werden. Nennen Sie für jede Gruppe ein Beispiel.

23 Welche intensive Furcht hegen Menschen mit Borderline-Persönlichkeitsstörung hinsichtlich persönlicher Beziehungen?

24 Gehen Sie auf mögliche Ursachen der Borderline-Persönlichkeitsstörung ein.

25 Warum unterliegen Menschen mit antisozialer Persönlichkeitsstörung einem erhöhten Suizidrisiko?

26 KRITISCHES DENKEN: Nennen Sie einen möglichen Grund, warum die Forscher in der Studie, die den Einfluss des Erziehungsstils auf antisoziale Persönlichkeitsstörung mit dem PBI untersuchte, das elterliche Verhalten in den drei verschiedenen Kategorien erfragten.

27 Was versteht man unter somatoformen Störungen? Nennen Sie Beispiele.

28 Erklären Sie, was dissoziative Störungen sind, und gehen Sie anhand eines Beispiels auf Ursachen ein.

29 KRITISCHES DENKEN: Denken Sie an die Studie, in der die Hirnvorgänge bei Konversionssymptomen untersucht wurden. Warum war es wichtig, dass die Patienten mit Konversionssymptomen im Ruhezustand keinen Unterschied in der Hirnaktivität zeigten?

30 Welche Formen schizophrener Störungen werden unterschieden?

31 Für welche Art schizophrener Störung gelten Verfolgungswahn oder Größenwahn als Symptome?

32 Was besagt die Diathese-Stress-Hypothese?

33 Was sind biologische Marker und welche positiven Folgen hat deren Entdeckung für schizophrene Störungen?

34 KRITISCHES DENKEN: Vergegenwärtigen Sie sich die Studie, die Expressed Emotion und Symptomrückfall untersuchte. Warum war es wichtig, dass alle Teilnehmer mit Schizophrenie zu dem Zeitpunkt, als die Forscher die ausgedrückte Emotion bewerteten, stabil waren?

35 Welche Verhaltensweisen charakterisieren ADS? Welche Ursachen werden angenommen?

36 Warum ist es vor dem Alter von zwei oder drei Jahren schwierig, eine autistische Störung zu diagnostizieren?

37 Wie hängt die „Theory of Mind" – die „Theorie des Geistes" – mit autistischen Störungen zusammen?

38 Was bedeutet Stigmatisierung im Kontext psychischer Erkrankungen?

39 Warum bringt die Behandlung einer psychischen Erkrankung oft sowohl Besserung als auch Stigmatisierung mit sich?

40 KRITISCHES DENKEN: Warum war es in der Studie über die Zurückweisungserwartungen von ehemaligen Psychiatriepatienten wichtig, dass der Mitarbeiter des Experimentators nicht wusste, welche Patienten zu welcher Gruppe gehörten?

14.2 Multiple-Choice-Fragen

1 Wie hoch ist in etwa der Anteil der Erwachsenen, die im Verlauf ihres Lebens bereits einmal an einer psychischen Störung gelitten haben?
   a. 3%
   b. 15%
   c. 50%
   d. 28%

2 Was sind Kriterien für abweichendes Verhalten nach dem DSM-IV-TR?
   a. Fehlanpassungen
   b. Emotionalität
   c. Irrationalität
   d. Leidensdruck

3 Welches ist kein kulturspezifisches Syndrom?
   a. Bouffée delirante
   b. Koro
   c. Anorexia simplex
   d. Taijin kyofusho

4 Welche Aussagen zu den Klassifikationssystemen DSM und ICD stimmen?
   a. Frühere Ausgaben des DSM berücksichtigten keine kulturellen Variationen bei der Auftretenswahrscheinlichkeit von Erkrankungen.
   b. Homosexualität wird im DSM-IV als psychische Störung aufgeführt.
   c. Das ICD-10 ist weniger forschungs- und verhaltensorientiert als das DSM-IV.
   d. Das DSM kodiert – im Gegensatz zum ICD – auch körperliche Erkrankungen.

5 Was zählt nicht zur Gruppe der Angststörungen?
   a. Panikstörungen
   b. Phobien
   c. Zwangsstörungen
   d. posttraumatische Belastungsstörungen
   e. somatoforme Störungen

6 Was sind Kennzeichen der Major Depression?
   a. dysphorische Stimmung
   b. Schlaflosigkeit oder Hypersomnie
   c. Schuldgefühle
   d. Zwangshandlungen

7 Welche Aussagen zu affektiven Störungen sind richtig?
   a. Affektive Störungen bezeichnen Störungen des emotionalen Gleichgewichts.
   b. Manische Phasen sind durch schwere Depressionen gekennzeichnet.
   c. Biologische Ansätze verbinden Manien mit einem zu hohen Niveau der Neurotransmitter Serotonin und Noradrenalin.
   d. Männer sind häufiger betroffen als Frauen.

8 Lindas Attributionsstil entspricht dem Typ „internal – spezifisch – instabil". Welche Erklärungsmöglichkeit für das Scheitern bei der letzten Klausur vermuten Sie?
   a. „Die Klausur war ziemlich schwierig."
   b. „Ich habe mich wegen dem Umzug nicht genügend auf diese Klausur vorbereiten können."
   c. „Ich bin ein Versager."
   d. „Sandra hat mich mal wieder vom Lernen abgehalten."

9 Erlernte Hilflosigkeit ist durch folgende Defizite charakterisiert:
   a. motivationale, emotionale und neuronale
   b. motivationale, emotionale und kognitive
   c. emotionale, neuronale, kognitive und motivationale
   d. emotionale, neuronale, konzeptionelle und motivationale

10 Um das Thema „Suizid" ranken sich zahlreiche hartnäckige, obgleich falsche Mythen und Meinungen. Welche Aussagen zu Suizid stimmen wirklich?
   a. Frauen begehen mehr Suizide als Männer.
   b. Jüngere Menschen nehmen sich häufiger das Leben als ältere.
   c. Männer begehen mehr Suizidversuche als Frauen.
   d. Für 15- bis 24-Jährige ist Suizid in den USA dritthäufigste Todesursache.
   e. Suizid ist – insbesondere bei Jüngeren – eine impulsive, aus dem Augenblick entstehende Handlung.
   f. Personen, die über Suizid sprechen, wollen im Grunde nur Aufmerksamkeit erregen und sind – getreu dem Motto „bellende Hunde beißen nicht" – nicht als tatsächlich suizidgefährdet einzustufen.
   g. Die höchste Prävalenz für Suizid herrscht unter Menschen mit Depression.
   h. Menschen, die Suizid begehen, sind psychisch krank.

11 Welche Persönlichkeitsbeschreibung findet in der Klassifikation von Persönlichkeitsstörungen keine Verwendung?

a. paranoide Persönlichkeit

b. narzisstische Persönlichkeit

c. antisoziale Persönlichkeit

d. antirationale Persönlichkeit

e. histrionische Persönlichkeit

12 Welche Aussagen zu Persönlichkeitsstörungen sind korrekt?

a. Die schizotypische Persönlichkeitsstörung zeichnet sich durch kognitive und perzeptive Verzerrungen aus.

b. Menschen mit histrionischer Persönlichkeitsstörung sind unfähig, die Rechte anderer zu respektieren.

c. Die zwanghafte Persönlichkeitsstörung ist Cluster B (dramatisches oder affektregulationsgestörtes Verhalten) zuzuordnen.

d. Paranoide und abhängige Persönlichkeitsstörung sind Beispiele für Erkrankungen aus Cluster A (sonderbares oder exzentrisches Verhalten).

e. Bei Menschen mit schizoider Persönlichkeitsstörung fehlt der Wunsch nach sozialen Beziehungen.

13 Welchem Bereich ist Hypochondrie zuzuordnen?

a. dissoziative Störungen

b. somatoforme Störungen

c. Persönlichkeitsstörungen

d. Konversionsstörungen

14 Welche Aussagen zur Schizophrenie stimmen?

a. Die positiven Symptome der Schizophrenie verbessern den Gemütszustand des Betroffenen.

b. Der desorganisierte Typ weist unzusammenhängende Denkmuster sowie bizarre Verhaltensweisen auf.

c. Halluzinationen drehen sich stets um eine bestimmte Thematik.

d. Bei der paranoiden Schizophrenie tritt meist Verfolgungswahn, Größenwahn oder Eifersuchtswahn auf.

e. Das Erkrankungsrisiko hängt stark von genetischen Faktoren ab.

f. Der undifferenzierte Typ ist zum aktuellen Zeitpunkt frei von positiven Hauptsymptomen.

15 Was findet in der Klassifikation von Schizophrenie keine Verwendung?

a. desorganisierter Typus

b. katatoner Typus

c. paranoider Typus

d. differenzierter Typus

e. residualer Typus

14.3 Richtig oder Falsch?

1 1896 entwickelte Emil Kraeplin das erste umfassende Klassifikationssystem für psychische Störungen.
  __ richtig
  __ falsch

2 „Ätiologie" bezieht sich auf Faktoren, die psychische oder medizinische Probleme verursachen bzw. zu ihrer Entwicklung beitragen.
  __ richtig
  __ falsch

3 Das DSM-IV-TR wurde von der WHO zur Klassifikation psychischer Störungen entwickelt.
  __ richtig
  __ falsch

4 Eine Panikstörung wird diagnostiziert, wenn eine Person mindestens sechs Monate ein andauerndes Gefühl von Angst hat, ohne dass eine reale Bedrohung auszumachen wäre.
  __ richtig
  __ falsch

5 Panikstörungen können gemeinsam mit Agoraphobie auftreten.
  __ richtig
  __ falsch

6 Spezifische Phobien beschreiben die beständige, irrationale Angst, sich bei öffentlichen Situationen peinlich zu verhalten.
  __ richtig
  __ falsch

7 Eine affektive Störung ist eine Störung des emotionalen Gleichgewichts.
  __ richtig
  __ falsch

8 Bipolare Störungen sind gekennzeichnet durch einen Wechsel von Angst- und Depressionsphasen.
  __ richtig
  __ falsch

9 Männer sind empfänglicher für Depressionen als Frauen.
  __ richtig
  __ falsch

10 Menschen mit Konversionsstörung weisen eine lange, medizinisch nicht erklärbare Krankengeschichte über mehrere Jahre hinweg auf.
　＿ richtig
　＿ falsch

11 Soziale Zurückgezogenheit und verflachte Emotionen sind negative Symptome der Schizophrenie.
　＿ richtig
　＿ falsch

12 Es gibt überzeugende Belege für eine genetische Übertragung der Schizophrenie.
　＿ richtig
　＿ falsch

13 Hohe *Expressed Emotion* verringert die Wahrscheinlichkeit eines Rückfalls bei Schizophrenie.
　＿ richtig
　＿ falsch

14.4 Antworten auf die Verständnisfragen

1 Beeinträchtigungen von Emotionen, Verhalten oder Denkprozessen die Leidensdruck hervorrufen oder Menschen beim Erreichen von Zielen hindern, werden als psychische Störungen bezeichnet.

2 Die relevantesten Kriterien sind „Leidensdruck oder Behinderung" (d.h. Toms Furcht verursacht persönlichen negativen Stress) und „Fehlangepasstheit" (d.h. Toms Furcht hindert ihn daran, seine Ziele zu verfolgen).

3 Keines der Kriterien stellt eine notwendige Bedingung für das Vorhandensein einer psychischen Störung dar – umgekehrt ist auch kein Einzelkriterium ausreichend für eine Diagnose. Außerdem sind die meisten Indikatoren nicht für alle Beobachter offensichtlich zu erkennen und bei der Interpretation von Verhalten spielt der kulturelle Hintergrund eine nicht zu unterschätzende Rolle.

4 Eine Klassifikation kann eine gemeinsame Formelsprache, ein Kausalitätsverständnis und einen Behandlungsplan bereitstellen.

5 Verhaltensweisen werden in verschiedenen Kulturen verschieden interpretiert – dasselbe Verhalten kann in unterschiedlichen kulturellen Kontexten als „normal" oder „abweichend" erscheinen.

6 KRITISCHES DENKEN: Das tatsächliche Vorhandensein von Halluzinationen ist weder belegbar noch widerlegbar, d.h., es handelt sich um ein Krankheitsbild, das man relativ einfach simulieren kann (im Gegensatz z.B. zu Entzugserscheinungen bei Alkoholabhängigkeit). Weiterhin birgt das Simulieren von Halluzinationen keine gesundheitlichen Gefahren und schränkt das Leben des Pseudopatienten nicht so massiv ein (beim Simulieren von Waschzwang müsste der Pseudopatient sich wirklich permanent waschen).

14.4 Antworten auf die Verständnisfragen

7 Die beschreibende Terminologie des DSM-IV-TR verringert diagnostische Schwierigkeiten, die durch unterschiedliche theoretische Ansätze zu psychischen Störungen bedingt sind. Dies erlaubt die Verwendung einer gemeinsamen Sprache zur Beschreibung von Problemen trotz unterschiedlicher Auffassungen bezüglich der Theorien zur Ätiologie oder Behandlungsmethoden.

8 1. Klinische Störungen, 2. Persönlichkeitsstörungen/geistige Behinderung, 3. Medizinische Krankheitsfaktoren, 4. Psychosoziale und umgebungsbedingte Probleme, 5. Globale Erfassung des Funktionsniveaus.

9 Bis Ende des 18. Jahrhunderts wurden psychisch Kranke gefürchtet und mit dem Bösen in Verbindung gebracht. Philippe Pinel vertrat jedoch die Auffassung, dass Denkstörungen, emotionale Störungen oder Verhaltensstörungen ähnlich wie organische Erkrankungen zu beurteilen sind.

10 Im psychodynamischen Modell liegt die Ursache psychischer Störungen in unbewussten Konflikten und Gedanken. Werden die zum Schutz des Ichs verwendeten Abwehrmechanismen übermäßig beansprucht, kann es zu psychischen Erkrankungen kommen. Behaviorale Modelle hingegen erklären den Erwerb gestörter Verhaltensweisen ebenso wie den Erwerb normaler Verhaltensweisen durch Lernen und Verstärkung. Im kognitiven Modell sind psychische Probleme das Ergebnis einer fehlerhaften Wahrnehmung der Situationswirklichkeit, fehlerhafter Schlussfolgerungen oder schlechter Problemlösungen. Im soziokulturellen Modell werden kulturelle Umstände beleuchtet, die die Entstehung psychischer Störungen fördern können.

11 Menschen, die an Phobien leiden, erleben irrationale Ängste in objektiv ungefährlichen Situationen.

12 Zwangsgedanken sind kognitiv, Zwangshandlungen zeigen sich auf Verhaltensebene.

13 Die Forschung legt nahe, dass die Evolutionsgeschichte des Menschen Phobien in Bezug auf bestimmte Stimuli „vorbereitet" hat. Diese „Bereitschaftshypothese" bietet allerdings keine Erklärung für die Angst vor Spritzen oder Aufzügen.

14 KRITISCHES DENKEN: Das Erinnern an die Kategorie „traumatische Ereignisse" ergibt sich in Hinblick auf die Experimentalgruppe (Personen mit posttraumatischer Belastungsstörung). Da die Rolle der Emotionsverarbeitung untersucht wird, erscheint es sinnvoll, grundlegende Arten von Emotionen (z.B. Angst, Trauer) mit einzubeziehen.

15 Eine bipolare Störung ist durch Perioden schwerer Depression gekennzeichnet, die mit manischen Episoden abwechseln. Manie beschreibt Phasen ungewöhnlich gehobener Stimmung mit übermäßigem Selbstwertgefühl, unrealistischen Selbsteinschätzungen, unverhältnismäßigem Optimismus sowie hoher Risikobereitschaft. Nach dem Abklingen der Manie verfallen Betroffene in schwere Depressionen, weil sie oft mit der Beseitigung des Schadens, der während der Manie entstanden ist, überfordert sind.

16 Der Attributionsstil einer Person lässt sich auf drei Dimensionen erfassen: internal – external, global – spezifisch, stabil – instabil. Personen mit einem internal-global-stabilen Attributionsstil sind besonders anfällig für Depressionen.

17 Frauen sind fast doppelt so häufig von affektiven Störungen betroffen wie Männer. Mögliche Gründe sind, dass Frauen im Durchschnitt mehr negative Erlebnisse erfahren (z.B. Misshandlung, Missbrauch, Armut) und tendenziell häufiger den grüblerischen internal-global-stabilen Attributionsstil aufweisen.

18 Die kognitive Triade bezieht sich auf negative Ansichten über die Person selbst, über gegenwärtige Erfahrungen und über die Zukunft.

19 Jugendliche sind suizidgefährdet, wenn sie sich über längere Zeit hinweg deprimiert, hoffnungslos oder isoliert fühlen und ein negatives Selbstbild haben. Auch Homosexualität erhöht das Risiko. Wichtig ist jedoch, sich vor Augen zu halten, dass Suizid keine Kurzschlussreaktion ist, sondern Endpunkt einer Entwicklung, in der Betroffene keinen anderen Ausweg mehr sehen können als die endgültige Selbstzerstörung.

20 KRITISCHES DENKEN: Zeitdruck würde zu einer Verzerrung der Ergebnisse führen. Versuchspersonen könnten sich nämlich dazu gedrängt fühlen, sozial erwünschte „Standardantworten" zu geben, nur um der Geschwindigkeit Genüge zu tun.

21 Persönlichkeitsstörungen sind unflexible Muster der Wahrnehmung und des Verhaltens, welche die Lebensführung stark beeinträchtigen und großen Leidensdruck hervorrufen können.

22 Die Codierung von Persönlichkeitsstörungen erfolgt im DSM-IV auf Achse II. Die Diagnostik erweist sich allerdings als kontrovers, da sich viele Krankheitsbilder überschneiden und nicht klar voneinander abgrenzbar sind. Im DSM-IV geht man von zehn Arten von Persönlichkeitsstörungen in drei Clustern aus. Cluster A: In diesem Cluster erscheint das Verhalten des Betroffenen sonderbar oder exzentrisch. Ein Beispiel ist die paranoide Persönlichkeitsstörung. Cluster B: Persönlichkeitsstörungen, die diesem Cluster zugeordnet sind, zeichnen sich durch dramatisches oder affektregulationsgestörtes Verhalten aus, wie z.B. die narzisstische Persönlichkeitsstörung. Cluster C: Unter diesem Cluster werden Persönlichkeitsstörungen subsumiert, in denen das Verhalten ängstlich oder furchtsam erscheint, wie z.B. die zwanghafte Persönlichkeitsstörung.

23 Menschen mit Borderline-Persönlichkeitsstörung leiden an extremer Furcht, verlassen zu werden.

24 Zwillingsstudien legen einen Beitrag der Gene nahe – die Konkordanzrate bei eineiigen Zwillingen ist deutlich höher als bei zweieiigen Zwillingen. Doch auch Umweltfaktoren tragen zur Ätiologie bei. Menschen mit Borderline-Persönlichkeitsstörung haben beispielsweise deutlich mehr sexuellen Missbrauch in der Kindheit erlitten. Wissenschaftler gehen davon aus, dass diese Traumata zum Ausbruch der Störung beitragen.

25 Die antisoziale Persönlichkeitsstörung ist durch impulsives Verhalten und Missachten von Sicherheitsbedenken gekennzeichnet, was zu einem erhöhten Suizidrisiko führt.

14.4 Antworten auf die Verständnisfragen

26 KRITISCHES DENKEN: „Erziehungsstil" ist ein sehr vielschichtiges Konstrukt, daher ist es naheliegend, mehrere Aspekte zu erfassen. Da Betroffene der antisozialen Persönlichkeitsstörung permanent soziale Normen verletzen, bieten sich Fragen zur Verhaltensregelung und zur psychologischen Freiheit an. Die Fragen zur liebevollen Zuwendung können eventuell den Mangel an Scham oder Reue erklären.

27 Somatoforme Störungen (z.B. Hypochondrie, Somatisierungsstörung, Konversionsstörung) zeichnen sich durch Umstände aus, bei welchen körperliche Symptome oder Beschwerden nicht endgültig durch medizinische Befunde erklärt werden können.

28 Dissoziative Störungen sind durch eine Unterbrechung der integrativen Funktion des Gedächtnisses, des Bewusstseins oder der persönlichen Identität gekennzeichnet. Beispiele sind die dissoziative Amnesie oder die dissoziative Identitätsstörung, früher auch multiple Persönlichkeitsstörung genannt. Die Forschung legt nahe, dass fast alle Menschen, die eine dissoziative Persönlichkeitsstörung entwickeln, in irgendeiner Form Opfer körperlichen oder psychischen Missbrauchs geworden sind.

29 KRITISCHES DENKEN: Der Ruhezustand ist als „Kontrollzustand" anzusehen – in dieser Untersuchungsbedingung dürfen sich die Teilnehmer nicht unterscheiden, wenn Differenzen in der Bewegungsbedingung auf die Konversionsstörung zurückgeführt werden sollen.

30 Üblicherweise unterscheidet man fünf Typen der Schizophrenie: den desorganisierten Typ, den katatonen Typ, den paranoiden Typ, den undifferenzierten Typ und den residualen Typ.

31 Verfolgungs- oder Größenwahn sind Symptome von Schizophrenie des paranoiden Typs.

32 Nach der Diathese-Stress-Hypothese erhöhen genetische Faktoren das Risiko, an Schizophrenie zu erkranken. Zum Entstehen müssen aber umweltbedingte Stressfaktoren hinzukommen.

33 Biologische Marker hängen mit Erkrankungen zusammen ohne diese zu verursachen. Die Entdeckung dieser Marker kann daher bei der Vorhersage, welche Menschen möglicherweise schizophrene Störungen entwickeln könnten, helfen. Eine perfekte Prognose ist zwar momentan noch nicht möglich, aber Untersuchungen haben z.B. ein gehäuftes Auftreten von Fehlfunktionen bei der Augenfolgebewegung bei Schizophrenen ergeben.

34 KRITISCHES DENKEN: Wenn sich die Teilnehmer in einer Akutphase befunden hätten, würde dies die übliche familiäre Kommunikation stark verzerren. Schließlich würde man einer Person mit Verfolgungswahn, Halluzinationen oder Emotionslosigkeit anders begegnen als einer gesunden Person.

35 ADS wird durch einen Grad von Unaufmerksamkeit und Hyperaktivität/Impulsivität gekennzeichnet, der nicht mit dem Level der kindlichen Entwicklung übereinstimmt. Bezüglich der Ursachen für ADS gibt es starke Hinweise für die Erblichkeit der Störung. Außerdem scheinen Umweltvariablen (z.B. sozioökonomischer Status, Harmonie in der Familie, Geburtsreihenfolge) eine gewichtige Rolle zu spielen.

36 Einige Symptome der autistischen Störung hängen mit Sprache und sozialer Interaktion zusammen. Viele Eltern machen sich daher erst dann Sorgen, wenn ihre Kinder die Entwicklungsnormen für diese Bereiche nicht erreichen, was meist erst ab dem zweiten Lebensjahr auffällt.

37 Die "Theory of Mind" ermöglicht es uns, ein Verständnis für das Wissen und die Ansichten anderer Menschen zu entwickeln, wodurch das Verhalten anderer nachvollziehbar und vorhersehbar wird. Dies ist absolut grundlegend für den Aufbau sozialer Beziehungen. Forscher behaupten, dass Kinder mit autistischer Störung es nicht schaffen, eine Standardtheorie des Geistes zu entwickeln, weswegen sie Probleme in der sozialen Interaktion haben und ihnen der Alltag feindselig und unberechenbar erscheint.

38 Negative Haltungen gegenüber psychischen Störungen sondern Menschen als unerwünscht aus.

39 Wenn Menschen sich in Behandlung begeben, müssen sie oft öffentlich zugeben, an einer psychischen Erkrankung zu leiden, was den Kontext für Stigmatisierung herstellt.

40 KRITISCHES DENKEN: Hätte der „Personalberater" gewusst, was die Teilnehmer in Bezug auf sein Vorwissen annehmen, wäre eine Ergebnisverzerrung durch seine Erwartungshaltung möglich gewesen.

14.5 Antworten auf die Multiple-Choice-Fragen

1 c)

2 a), c), d)

3 c)

4 a), c)

5 e)

6 a), b), c)

7 a), c)

8 b)

9 b)

10 d), g)

11 d)

12 a), e)

13 b)

14 b), d), e)

15 d)

14.6 Richtig oder Falsch?

1 Richtig. Der deutsche Psychiater Kraeplin war der erste, der ein umfassendes Klassifikationssystem psychischer Störungen entwickelte.

2 Richtig. Die Ätiologie einer Erkrankung beschäftigt sich mit Faktoren, die zu ihrer Entwicklung beitragen.

3 Falsch. Das DSM-IV wurde nicht von der WHO, sondern von der American Psychiatric Association zur Klassifikation von psychischen Störungen entwickelt. Von der WHO stammt das Klassifikationssystem ICD-10, welches auch körperliche Erkrankungen erfasst.

4 Falsch. Panikstörungen sind von unerwarteten, schweren Panikattacken mit einer Dauer von wenigen Minuten gekennzeichnet. Andauernde Gefühle von Angst ohne reale Bedrohung über einen längeren Zeitraum hinweg sind hingegen Indiz für eine generalisierte Angststörung.

5 Richtig. Manche Betroffene haben große Angst, außerhalb ihres Zuhauses von einer Panikattacke befallen zu werden und dann ohne Hilfe zu sein oder sich peinlich zu verhalten (z.B. Harndrang nicht kontrollieren zu können). Dadurch ziehen sie sich immer mehr in ihr Zuhause zurück, bis sie schließlich Gefangene ihrer eigenen vier Wände werden – und leiden somit auch an Agoraphobie.

6 Falsch. Die irrationale Angst vor öffentlichen Situationen wird als soziale Phobie bezeichnet. Spezifische Phobien treten hingegen als Reaktion auf verschiedene Typen von Objekten oder Situationen auf.

7 Richtig. Affektive Störungen beschreiben Störungen der Gestimmtheit und des Gefühlslebens.

8 Falsch. Bei bipolaren Störungen wechseln sich manische Phasen mit depressiven Phasen ab.

9 Falsch. Depressionen treten fast doppelt so häufig bei Frauen auf als bei Männern.

10 Falsch. Die Konversionsstörung ist durch den Verlust motorischer oder sensorischer Funktionen gekennzeichnet, die nicht auf eine Schädigung des Nervensystems zurückzuführen sind.

11 Richtig. Emotionslosigkeit und sozialer Rückzug sind den negativen Symptomen der Schizophrenie zuzuordnen.

12 Richtig. Die Studie von Irving Gottesman (1991) bestätigt, dass die Höhe des Erkrankungsrisikos stark mit dem genetischen Verwandtschaftsgrad von Betroffenen zusammenhängt.

13 Falsch. Hohe „Expressed Emotion" bedeutet eine eher ablehnende Haltung gegenüber dem Betroffenen, die mit häufiger Kritik oder Aufdringlichkeit einhergeht. Dies erhöht die Rückfallwahrscheinlichkeit.

Psychotherapie

15.1 Verständnisfragen... 166
15.2 Multiple-Choice-Fragen... 167
15.3 Richtig oder Falsch?... 170
15.4 Antworten auf die Verständnisfragen... 171
15.5 Antworten auf die Multiple-Choice-Fragen... 174
15.6 Richtig oder Falsch?... 174

15.1 Verständnisfragen

1. Auf was konzentrieren sich Therapien, die aus der existenzialistisch-humanistischen Tradition entstanden sind?

2. Welche besondere Ausbildung hat ein Psychoanalytiker?

3. Was ist der Unterschied zwischen einem Patienten und einem Klienten?

4. Was wird im Zusammenhang mit Deinstitutionalisierung unter „Drehtüreffekt" verstanden?

5. Warum wird die psychodynamische Therapie auch als Einsichtstherapie bezeichnet?

6. Was versteht man unter Übertragung?

7. Welche Rolle spielt der Todestrieb in Melanie Kleins Theorie?

8. Was ist das grundlegende Prinzip der Gegenkonditionierung?

9. Welches Lernprinzip wirkt, wenn Kliniker Patienten die Möglichkeiten geben, sich Gutscheine zu verdienen?

10. Was passiert wahrscheinlich, wenn sich jemand einer Therapie des sozialen Lernens unterzieht?

11. Welche Methode würden Therapeuten des sozialen Lernens ihren Klienten empfehlen, um soziale Fertigkeiten zu erlernen?

12. Wie unterscheidet sich die Rolle des Therapeuten bei der Psychoanalyse von jener in der Verhaltenstherapie?

13. KRITISCHES DENKEN: Erinnern Sie sich an die Studie, in der das Training sozialer Fertigkeiten Kindern, die von den Gleichaltrigen isoliert waren, helfen sollte. Warum sollten sich die Kinder am Anfang des Trainings vorstellen, dass sie zurückgewiesen werden?

14. Welche Annahme liegt der kognitiven Therapie zugrunde?

15. Was ist in Bezug auf die rational-emotive Therapie der Ursprung hochgradig emotionaler Reaktionen?

16. Warum ist die Vermittlung des Gefühls hoher Selbstwirksamkeit ein Ziel der kognitiven Verhaltenstherapie?

17. Was ist das Ziel der Bewegung für das menschliche Potenzial?

18. Was bedeutet „unbedingte positive Wertschätzung" in der klientenzentrierten Therapie?

19. Worauf konzentriert sich die Gestalttherapie?

20. Was ist der Sinn der Technik des leeren Stuhls in der Gestalttherapie?
21. Wie hilft Gruppentherapie dabei, die Teilnehmer über die Einmaligkeit ihrer Probleme zu informieren?
22. Was ist ein geläufiges Ziel der Paartherapie?
23. Unter welchen Umständen sind Internet-Selbsthilfegruppen besonders wertvoll?
24. KRITISCHES DENKEN: Warum war es in der Studie, die Familientherapie gegen kindliche Angststörungen einsetzte, wichtig, dass die beiden Gruppen von Kindern vor Therapiebeginn vergleichbare Angstlevel aufwiesen?
25. Welche Vorteile weisen atypische Antipsychotika gegenüber früheren medikamentösen Schizophrenietherapien auf?
26. Was bewirken Serotonin-Noradrenalin-Wiederaufnahme-Hemmer im Gehirn?
27. Nennen Sie einige Effekte der präfrontalen Lobotomie.
28. Worin besteht die rTMS-Methode?
29. Was versteht man unter Placebotherapie?
30. Was ist die interpersonale Therapie?
31. Welche Schlussfolgerungen können aus Metaanalysen der Behandlungsmethoden für Depression gezogen werden?
32. Warum hat sich die Forschung auf die Wahrscheinlichkeit, mit der Patienten ihre Therapien zu Ende bringen, konzentriert?
33. Was ist das Ziel primärer Prävention?
34. Was ist das Ziel tertiärer Prävention?
35. Welche Paradigmenwechsel fanden nach der Implementierung der drei Formen der Prävention statt?

15.2 Multiple-Choice-Fragen

1. Welche wichtigen Aufgaben oder Ziele verfolgt der therapeutische Prozess?
    a. Diagnose
    b. Behandlung
    c. Äquilibrium
    d. Ätiologie
    e. Prognose
    f. Homöostase

2 Welches sind Hauptformen der Psychotherapie?
   a. psychobiologisch
   b. kognitiv
   c. behavioristisch
   d. psychodynamisch
   e. verhaltenstherapeutisch
   f. existenzialistisch-humanistisch

3 Bei Sullivan besteht das System des Selbst aus ...
   a. bösem Ich, gutem Ich, Über-Ich.
   b. Ich, Es, Über-Ich.
   c. bösem Ich, gutem Ich, Nicht-Ich.
   d. Ich, Nicht-Ich, Über-Ich.

4 Die systematische Desensibilisierung ...
   a. wurde von Mary Cover Jones entwickelt.
   b. wird auch als Implosionstherapie bezeichnet.
   c. basiert auf der Theorie der retrograden Inhibition.
   d. beinhaltet die Bildung einer Angsthierarchie.

5 Was sind Techniken der Expositionstherapie?
   a. Aversionstherapie
   b. systematische Desensibilisierung
   c. Flooding
   d. Kontingenzmanagement
   e. Virtuelle-Realitäts-Therapie

6 Die Strategien der positiven Verstärkung ...
   a. basieren auf dem Konzept des operanten Konditionierens.
   b. werden auch in Form von Shaping eingesetzt.
   c. sind Basis für Token Economies.

7 Unangemessene Denkweisen basieren nicht auf ...
   a. unvernünftigen Einstellungen.
   b. falscher Ernährung.
   c. zu starren Verhaltensregeln.
   d. falschen Vorannahmen.

8 Keine Technik der kognitiven Therapie nach Beck ist:
   a. Infragestellung grundlegender Annahmen des Klienten über sein eigenes Funktionieren
   b. Bewertung der Belege für oder gegen die Genauigkeit der automatisierten Gedanken des Klienten
   c. Reattribution der Schuld für Misserfolge auf situationale Faktoren
   d. Lösung komplexer Aufgaben, die zu Misserfolgserlebnissen führen

9 Die klientenzentrierte Technik nach Rogers ...
   a. hat nicht das Primärziel, das psychische Wachstum des Menschen zu fördern.
   b. benutzt die Technik des leeren Stuhls.
   c. ist ein non-direktives Verfahren.
   d. wird dann richtig angewandt, wenn durch die vollständige Apathie des Therapeuten dem Klienten geholfen wird, seine Individualität zu entdecken.

10 Was sind Vorteile der Gruppensituation?
   a. Sie wirkt weniger bedrohlich auf Menschen, die alleine Probleme im Umgang mit Autoritäten haben.
   b. Sie erlaubt den Einsatz von Gruppenprozessen, um das fehlangepasste Verhalten Einzelner zu beeinflussen.
   c. Sie gibt den Menschen die Möglichkeit, zwischenmenschliche Fertigkeiten zu beobachten.
   d. Sie bietet eine zur Familienstruktur analoge Struktur.

11 Welche Therapieformen stellen Gruppentherapien dar?
   a. Selbsthilfegruppen
   b. Familientherapien
   c. Paartherapien
   d. Psychoanalysen

12 Was sind biomedizinische Ansätze?
   a. medikamentöse Therapie
   b. Psychochirurgie
   c. Homöopathie
   d. Schocktherapie
   e. repetitive transkraniale magnetische Stimulation

13 Was zählt nicht zu den Antipsychotika?
   a. Chlorpromazin
   b. Clozapin
   c. Imipramin
   d. Haloperidol

15.3 Richtig oder Falsch?

1 Biomedizinische Therapien konzentrieren sich darauf, die Mechanismen des ZNS zu verändern.
   __ richtig
   __ falsch

2 Die Verhaltenstherapie betrachtet psychisches Leiden als ein äußeres Symptom innerer ungelöster Traumata und Konflikte.
   __ richtig
   __ falsch

3 Klinische Psychologen sind in der Regel Mediziner mit Facharztausbildung in Psychiatrie.
   __ richtig
   __ falsch

4 Freie Assoziation ist eine Therapietechnik in der Psychoanalyse.
   __ richtig
   __ falsch

5 Melanie Klein ist eine Vertreterin der Objekt-Beziehungs-Theorie.
   __ richtig
   __ falsch

6 Die Implosionstherapie basiert auf systematischer Desensibilisierung.
   __ richtig
   __ falsch

7 Kognitive Therapien versuchen Verhaltensweisen zu ändern, indem sie das Denken der Klienten beeinflussen.
   __ richtig
   __ falsch

8 Existenzialistisch-humanistische Therapien waren der Auslöser der Bewegung für das menschliche Potenzial.
   __ richtig
   __ falsch

9 Die Familientherapie legt ihren Fokus auf die Veränderung psychologischer Räume zwischen Personen.
   __ richtig
   __ falsch

10 Antidepressiva wirken, indem sie die Aktivität der körperlichen Neurotransmitter Noradrenalin und Serotonin erniedrigen.
_ richtig
_ falsch

11 Lithiumsalze sind effektiv bei der Behandlung der bipolaren Störung.
_ richtig
_ falsch

12 Präfrontale Lobotomie ist eine Form der Elektrokrampftherapie.
_ richtig
_ falsch

13 Spontanremission bezeichnet die Verbesserung des Zustands von Patienten durch Therapie.
_ richtig
_ falsch

15.4 Antworten auf die Verständnisfragen

1 Sie konzentrieren sich auf die Werte der Patienten. Sie sind auf Selbstverwirklichung, psychisches Wachstum, die Entwicklung tieferer menschlicher Beziehungen und die Erweiterung der persönlichen Wahlfreiheit ausgerichtet.

2 Psychoanalytiker haben eine umfassende therapeutische Ausbildung in der Tiefenpsychologie nach Freud.

3 Der Begriff „Patient" wird von Fachleuten verwendet, die psychische Probleme nach einem biomedizinischen oder psychoanalytischen Ansatz behandeln. Der Begriff „Klient" wird bei allen anderen Therapieformen verwendet.

4 Eine große Anzahl der aus psychiatrischen Einrichtungen Entlassenen wird nach kurzer Zeit erneut eingewiesen.

5 Die psychodynamische Therapie ist auch als Einsichtstherapie bekannt, weil eines ihrer Hauptziele darin besteht, den Patienten zu Einsichten über die Beziehung zwischen gegenwärtigen Symptomen und vergangenen Konflikten zu führen.

6 Übertragung bedeutet, dass ein Patient eine emotionale Reaktion gegenüber dem Therapeuten zeigt, die oft einen emotionalen Konflikt aus dem Leben des Patienten repräsentiert.

7 Klein glaubte, dass der Todestrieb der sexuellen Bewusstwerdung vorausgeht und zu einem angeborenen aggressiven Impuls führt.

8 Behandlungen mit Gegenkonditionierung versuchen, eine fehlangepasste Reaktion (z.B. Furcht) durch eine gesundheitsfördernde (z.B. Entspannung) zu ersetzen.

9 Typischerweise benutzen Kliniker Gutscheine als positive Verstärkung erwünschten Verhaltens (z.B. Drogenabstinenz).

10 In der Therapie des sozialen Lernens beobachten die Klienten üblicherweise, wie Modelle positive Verstärkung für erwünschte Verhaltensformen erhalten.

11 Viele Therapeuten des sozialen Lernens empfehlen ihren Klienten zur Überwindung der Probleme das Proben von Verhaltensmustern, d.h. die Visualisierung der intendierten Verhaltensweisen und der gewünschten positiven Konsequenzen in einer gegebenen Situation.

12 In der Psychoanalyse fungiert der Therapeut als Detektiv, in der Verhaltenstherapie als Trainer.

13 KRITISCHES DENKEN: Ein möglicher Grund könnte sein, dass Kinder so die Möglichkeit in Betracht ziehen, dass sie zurückgewiesen werden könnten. Folglich wären sie nicht völlig überrascht, wenn sie eine abweisende Reaktion erhalten würden. Dadurch, dass sich die Kinder jedoch mit der Zeit Erfolg vorstellen sollen, gehen sie wahrscheinlich mit einem eher positiven und ermutigenden Gefühl aus dem Training heraus.

14 Die grundlegende Annahme der kognitiven Therapie ist, dass abweichende Verhaltensmuster und emotionaler Distress aus dem entstehen, was und wie Menschen denken.

15 Die RET geht davon aus, dass irrationale Überzeugungen zu fehlangepassten emotionalen Reaktionen führen.

16 Ein Ziel der kognitiven Verhaltenstherapie ist die Veränderung des Verhaltens – es ist wichtig, dass die Klienten daran glauben, die Fähigkeit zu adaptivem Verhalten in sich zu tragen.

17 Das Ziel der Bewegung für das menschliche Potenzial ist, das Potenzial des Einzelnen hin zu mehr Leistung und breiteren Erfahrungen zu entwickeln.

18 Ein klientenzentrierter Therapeut schafft eine Situation unbedingter positiver Wertschätzung, in der der Klient bedingungslos akzeptiert und respektiert wird.

19 Die Gestalttherapie konzentriert sich darauf, Geist und Körper einer Person zu einer Gesamtheit zusammenzuführen. Das Ziel der Selbstbewusstheit wird erreicht, indem Klienten geholfen wird, ihre aufgestauten Gefühle zu äußern und unerledigte Elemente vergangener Konflikte zu erkennen und sie in eine neue Beziehung zu übertragen.

20 In der Gestalttherapie stellen sich die Patienten vor, dass ein Gefühl, eine Person, ein Objekt oder eine Situation einen leeren Stuhl besetzt; sie sprechen mit dem „Inhaber" des Stuhls, um ihre Probleme zu verarbeiten.

15.4 Antworten auf die Verständnisfragen

21 Gruppentherapie gibt den Teilnehmern eine Möglichkeit, zu verstehen, dass ihr Problem vielleicht nichts Ungewöhnliches ist. Dies kann dabei helfen, die falsche Überzeugung aufzulösen, allein mit seinem Problem zu sein.

22 Das Ziel der Paartherapie ist häufig, die Kommunikationsmuster der Partner zu klären und anschließend die Qualität ihrer Interaktionen zu verbessern.

23 Internet-Selbsthilfegruppen sind besonders wertvoll für Menschen mit eingeschränkter Mobilität, die ansonsten vielleicht keinen Zugang zu solchen Gruppen hätten.

24 KRITISCHES DENKEN: Vergleichbare Angstlevel waren deshalb wichtig, um den Erfolg der Therapie aufzuzeigen. Nur wenn vergleichbare Ausgangsbedingungen für alle Probanden vorherrschen, kann mit hoher Wahrscheinlichkeit ausgeschlossen werden, dass die Ergebnisse der Studie mit anderen Faktoren konfundieren.

25 Atypische Antipsychotika helfen bei der Bekämpfung der Symptome von Schizophrenie, ohne schwere motorische Probleme zu verursachen.

26 Serotonin-Noradrenalin-Wiederaufnahme-Hemmer inhibieren die Wiederaufnahme sowohl von Serotonin als auch von Noradrenalin.

27 Die Operation verändert die Persönlichkeit grundlegend: Die Betroffenen werden weniger emotional, verlieren aber auch ihr Gefühl des Selbst.

28 Bei der rTMS-Methode werden wiederholte magnetische Stimulationspulse auf das Gehirn gerichtet.

29 Placebotherapie ist eine neutrale Therapie, die lediglich die Erwartung einer Heilung hervorruft.

30 Die interpersonale Therapie befasst sich mit dem gegenwärtigen Leben des Patienten und seinen persönlichen Beziehungen.

31 Die Metaanalysen legen nahe, dass viele Standardbehandlungen für Depression (z.B. kognitive Verhaltenstherapie oder medikamentöse Therapie) besseren Heilungserfolg als eine Placebobehandlung erzielen.

32 Selbst wenn Behandlungsmethoden Erfolge erzielen können, sind sie nicht besonders nützlich, wenn die Patienten unwillig oder nicht in der Lage sind, die Behandlung zu Ende zu führen.

33 Das Ziel der primären Prävention ist es, Programme zu starten, die die Wahrscheinlichkeit einer psychischen Erkrankung mindern.

34 Das Ziel der tertiären Prävention ist, die langfristigen Auswirkungen einer psychischen Störung zu verringern, indem versucht wird, einen Rückfall zu vermeiden.

35 1. Die Ergänzung der Behandlung um Prävention. 2. Ein Modell der Volksgesundheit jenseits des medizinischen Krankheitsmodells. 3. Die Konzentration auf situationale und ökologische Risikofaktoren anstatt auf Risikogruppen von Menschen. 4. Die Suche nach verursachenden Faktoren in den jeweiligen Lebensumständen anstatt nach prädisponierenden Faktoren im Menschen.

15.5 Antworten auf die Multiple-Choice-Fragen

1 a), b), d), e)

2 b), d), e), f)

3 c)

4 d)

5 b), c), e)

6 a), b), c)

7 b)

8 d)

9 c)

10 a), b), c), d)

11 a), b), c)

12 a), b), d), e)

13 c)

15.6 Richtig oder Falsch?

1 Richtig. Biomedizinische Therapien konzentrieren sich darauf, die Mechanismen des Zentralen Nervensystems zu verändern. Diese Therapieform wird hauptsächlich von Psychiatern und Ärzten angewandt. Sie versuchen mithilfe chemischer oder physischer Interventionen, die Funktionsweisen des Gehirns zu beeinflussen.

2 Falsch. Die Verhaltenstherapie sieht das Verhalten selbst als die zu verändernde Störgröße an. Störungen werden hier als erlernte Verhaltensmuster statt als Symptom einer psychischen Erkrankung betrachtet.

3 Falsch. Klinische Psychologen haben sich schon während ihres Studiums auf die Erfassung und Behandlung psychischer Probleme konzentriert und eine Therapieausbildung abgeschlossen. Sie haben einen breiteren Hintergrund in Psychologie, empirischen Methoden und Forschung als dies bei Psychiatern üblicherweise der Fall ist.

4 Richtig. Die freie Assoziation ist die wichtigste Technik der Psychoanalyse, um das Unbewusste auszuloten und verdrängtes Material freizusetzen.

5 Richtig. Die Objekt-Beziehungs-Theorie ist eine Weiterentwicklung der psychoanalytischen Theorie, die auf Melanie Kleins Arbeiten zurückgeht.

6 Falsch. Implosionstherapie ist eine Technik der Verhaltenstherapie, durch welche der Klient mithilfe seiner Vorstellungskraft mit dem Angst auslösenden Reiz konfrontiert wird, um die mit dem Reiz assoziierte Angst zu löschen.

7 Richtig. Kognitive Therapien versuchen, problematische Gefühle und Verhaltensweisen zu ändern, indem sie beeinflussen, wie der Klient über wichtige Lebenserfahrungen denkt. Sie stellen unterschiedliche Methoden für eine kognitive Restrukturierung bereit.

8 Richtig. Die humanistische Philosophie war der Auslöser für die Bewegung für das menschliche Potenzial. Sie umfasste Methoden zur Potenzialförderung des durchschnittlichen Menschen hin zu höherer Leistungsfähigkeit und einem reicheren Erfahrungsschatz.

9 Richtig. Der Therapeut arbeitet mit den in Schwierigkeiten befindlichen Familienmitgliedern, um ihnen bei der Wahrnehmung dessen zu helfen, was einem oder mehreren von ihnen Probleme bereitet.

10 Falsch. Antidepressiva wirken, indem sie die Aktivität der körperlichen Neurotransmitter Noradrenalin und Serotonin erhöhen und die Wiederaufnahme von Noradrenalin und Serotonin reduzieren, so dass die Neurotransmitter im synaptischen Spalt bleiben.

11 Richtig. Lithiumsalze haben sich als wirksam bewiesen, Menschen aus manischen Episoden auf den Boden der Tatsachen zurückzuholen. Lithium scheint jedoch weniger effektiv bei Menschen zu sein, bei denen manische und depressive Phasen regelmäßig abwechseln.

12 Falsch. Präfrontale Lobotomie ist eine Form der Psychochirurgie, bei der jene Nervenfasern durchtrennt werden, die die Frontallappen des Gehirns mit dem Zwischenhirn verbinden, im Speziellen die Fasern der thalamischen und hypothalamischen Bereiche.

13 Falsch. Aus einer Vielzahl von Gründen verbessert sich bei einem bestimmten Prozentsatz der Patienten in Psychotherapie der Zustand ohne jede professionelle Intervention. Diese Effekte werden als Spontanremission bezeichnet.

Soziale Kognition und Beziehungen

16.1 Verständnisfragen 178
16.2 Multiple-Choice-Fragen 179
16.3 Richtig oder Falsch? 181
16.4 Antworten auf die Verständnisfragen 183
16.5 Antworten auf die Multiple-Choice-Fragen 185
16.6 Richtig oder Falsch? 185

16 Soziale Kognition und Beziehungen

16.1 Verständnisfragen

1. Wie könnte man Sozialpsychologie definieren?
2. Wie könnte die soziale Wahrnehmung die Interpretation eines Footballspiels beeinflussen?
3. Was besagt das Kovariationsprinzip?
4. Welche drei Dimensionen beeinflussen laut Harold Kelley den Attributionsvorgang?
5. Warum könnte "Self-serving Bias" einen negativen Effekt auf den Notendurchschnitt von Studierenden haben?
6. Wie begrenzen normale Unterrichtsmethoden Self-fulfilling Prophecies?
7. Was versteht man unter erwartungsbestätigendem Verhalten?
8. KRITISCHES DENKEN: Warum könnten sich die Forscher bei der Studie zu interkulturellen Unterschieden bei Attributionen für ein Szenario von Finanzskandalen entschieden haben?
9. Welche drei Komponenten definieren eine Einstellung?
10. Was versteht man unter Persuasion?
11. Welcher kognitive Prozess unterscheidet die zentrale von der peripheren Route der Persuasion?
12. Warum hat die Kultur einen Einfluss auf kognitive Dissonanzprozesse?
13. Viele Hersteller versuchen, Sie durch Werbung von ihrem Produkt zu überzeugen und Ihre Meinung über ein bestimmtes Produkt zu ändern. Mit welchem psychologischen Fachbegriff bezeichnet man diese versuchte Verhaltensänderung?
14. Wenn Menschen zu einer großen Bitte „Nein" sagen, sagen sie oft zu einer kleinen Bitte „Ja". Inwiefern gründet diese Technik auf der Reziprozitätsnorm?
15. Warum wird der Geschmack von Keksen, welche aus einem Gefäß mit zwei Keksen kommen, höher bewertet als der Geschmack von Keksen, welche aus einem Gefäß mit zehn Keksen kommen?
16. KRITISCHES DENKEN: Denken Sie an die Studie zum Effekt des Lügens auf Einstellungen zurück. Warum benutzten die Experimentatoren Schokoriegel, die den Teilnehmern unbekannt waren?
17. Was versteht man unter einem Vorurteil?
18. Welche Beziehung besteht zwischen In-Gruppen-Voreingenommenheit und Vorurteil?

19 Wie unterstützt erwartungsbestätigendes Verhalten Stereotypen?

20 Was hat die Forschung hinsichtlich des Kontakts zwischen Angehörigen von verschiedenen Gruppen gezeigt?

21 KRITISCHES DENKEN: Nennen Sie einen möglichen Grund, warum die Experimentatoren in der Studie über Hirnaktivität und Vorurteile glückliche und wütende Gesichter eingesetzt haben könnten, um Urteile aufgrund von Stereotypen zu untersuchen.

22 Welchen Effekt hat Ähnlichkeit auf Zuneigung?

23 Welcher Bindungsstil bei Erwachsenen wird im Allgemeinen mit sehr guten Beziehungen assoziiert?

24 Wie sagt die Interdependenztheorie vorher, welche Beziehungen aller Wahrscheinlichkeit nach von Dauer sind?

25 KRITISCHES DENKEN: Rufen Sie sich die Studie in Erinnerung, in der die Wirkung physischer Attraktivität auf die Anziehungskraft zufällig ausgewählter Verabredungspartner untersucht wurde. Warum war es wichtig, dass die Wirkung der physischen Attraktivität sowohl am Abend der ersten Verabredung als auch an den Folgeverabredungen festgestellt wurde?

16.2 Multiple-Choice-Fragen

1 Die Attributionstheorie ...
   a. hat ihren Ursprung in den Schriften von Fritz Heidegger.
   b. beinhaltet die Frage nach externaler und intensiver Kausalität von Verhalten.
   c. beinhaltet die Frage nach extensiver und intensiver Kausalität von Verhalten.
   d. beinhaltet die Frage nach externaler und internaler Kausalität von Verhalten.

2 Harold Kelley behauptete, ...
   a. dass Menschen bei Unsicherheit häufig Kausalattributionen vornehmen.
   b. dass Menschen mit Unsicherheit ringen, indem sie Informationen akkumulieren und das Kovariationsprinzip anwenden.
   c. dass Kovariation bezüglich drei Dimensionen erfasst wird: Distinktheit, Kontingenz und Konsens.

3 Was stimmt bezüglich des Self-serving Bias?
   a. Er bringt Menschen dazu, Anerkennung für Erfolge anzunehmen.
   b. Er bringt Menschen dazu, Anerkennung für Erfolge abzulehnen.
   c. Er bringt Menschen dazu, Verantwortung für Misserfolge zu leugnen.
   d. Er bringt Menschen dazu, Verantwortung für Misserfolge zu übernehmen.

4 Welche drei Arten von Informationen können zu bestimmten Einstellungen führen?
   a. kognitive, affektive, behaviorale
   b. kognitive, konstruktive, affektive
   c. kognitive, konstruktive, attributive
   d. kognitive, attributive, behaviorale

5 Was ist/sind Merkmal/e von Einstellungen, das/die Verhalten vorhersagt/en?
   a. Häufigkeit
   b. Verfügbarkeit
   c. Spezifität
   d. Stabilität der Bewertung

6 Was stimmt nicht bezüglich der Ursprünge von Vorurteilen?
   a. Die In-Gruppen sind die Gruppen, mit welchen man sich identifiziert.
   b. Die Out-Gruppen sind die Gruppen, mit welchen man sich nicht identifiziert.
   c. In-Gruppen-Verzerrung bedeutet, dass man die In-Gruppe schlechter bewertet als die Out-Gruppe.
   d. Die Einteilung in In- und Out-Gruppe basiert auf sozialer Kategorisierung.

7 Was trifft bezüglich Sherifs Sommerlager-Experiment in Robbers Cave zu?
   a. Es wurden drei Gruppen gebildet.
   b. Kooperatives Handeln und gemeinsame Ziele reduzierten nicht die Rivalität.
   c. Das Experiment widerlegt die Kontakthypothese.
   d. Es gab von Beginn an Interaktion zwischen den Gruppen.

8 Welche Theorie/n beschreibt/en Selbstpersuasion?
   a. Dissonanztheorie
   b. Self-fulfilling Prophecy
   c. Attributionstheorie
   d. Selbstwahrnehmungstheorie

9 Die Dissonanztheorie ...
   a. wurde von Leopold Festinger entwickelt.
   b. befasst sich mit dem Glauben der Menschen, dass ihre Einstellungen inkonsistent sind.
   c. befasst sich mit dem Konflikt einer Person, den sie nach einer Entscheidung gegen ihre Überzeugungen durchlebt.

10 Die Selbstwahrnehmungstheorie ...
   a. wurde von Daryl Bem entwickelt.
   b. besagt, dass innere Zustände über Handlungen wahrgenommen werden können.
   c. besitzt keine motivationale Komponente wie die Dissonanztheorie.

11 Was sind Compliance-Techniken?
   a. Reziprozität
   b. Verbindlichkeit
   c. Altruismus
   d. Knappheit

12 Zuneigung wird beeinflusst durch ...
   a. physische Attraktivität.
   b. Ähnlichkeit.
   c. Reziprozität.
   d. räumliche Nähe.

13 Welches ist keine Dimension bei der Konzeptualisierung von Liebe?
   a. Intimität
   b. Vertrauen
   c. Verbindlichkeit
   d. Leidenschaft

16.3 Richtig oder Falsch?

1 Wenn die Ursache des Verhaltens in der Person liegt, bezeichnet man dies als externale oder situative Kausalität.
   _ richtig
   _ falsch

2 Verfügbarkeit ist ein Merkmal von Einstellungen, das Verhalten vorhersagt.
   _ richtig
   _ falsch

3 Soziale Konstruktion der Realität beinhaltet, dass zwei Menschen unterschiedliche Ereignisse gleich interpretieren.
   _ richtig
   _ falsch

4 Der fundamentale Attributionsfehler steht für die gleichzeitige Tendenz bei Menschen, dispositionale Faktoren überzubewerten und situative Faktoren unterzubewerten, wenn sie nach der Ursache für ein Verhalten oder Ergebnis suchen.
  __ richtig
  __ falsch

5 Selbsterfüllende Prophezeiungen sind Vorhersagen über ein zukünftiges Verhalten oder Ereignis, welche die Interaktionen auf Verhaltensebene so verändern, dass sie das Erwartete produzieren.
  __ richtig
  __ falsch

6 Je weniger spezifisch Einstellungen erfragt werden, desto höher korrelieren sie mit dem gezeigten Verhalten.
  __ richtig
  __ falsch

7 Stereotype sind Generalisierungen über eine Gruppe von Personen, wobei allen Mitgliedern dieser Gruppe gleiche Merkmale zugeschrieben werden.
  __ richtig
  __ falsch

8 Eine Bedrohung durch Stereotype entsteht, wenn Menschen in Situationen platziert werden, in welchen die negativen Aspekte der Stereotype relevant sind.
  __ richtig
  __ falsch

9 Thomas Pettigrew entwickelte die Puzzletechnik zum Abbau von Vorurteilen.
  __ richtig
  __ falsch

10 Im Elaboration-Likelihood-Modell wird zwischen zentralen und peripheren Routen der Persuasion unterschieden.
  __ richtig
  __ falsch

11 Als In-Gruppen bezeichnet man Gruppen, die sehr beliebt sind.
  __ richtig
  __ falsch

12 Die Kontakthypothese bezeichnet die Vorstellung, dass alleine direkter Kontakt zwischen verfeindeten Gruppen ausreicht, um Vorurteile zu reduzieren.
  __ richtig
  __ falsch

16.4 Antworten auf die Verständnisfragen

1 Sozialpsychologie beschäftigt sich mit der Art und Weise, in der Gedanken, Gefühle, Wahrnehmungen, Motive und Verhaltensweisen durch Interaktionen und Transaktionen zwischen Menschen beeinflusst werden. Es wird versucht, das Verhalten im sozialen Kontext zu verstehen.

2 Soziale Wahrnehmung ist der Prozess, durch den Menschen das Verhalten anderer verstehen und kategorisieren. In einer Studie, in der Studierende von Princeton und Dartmouth über ein Footballspiel der beiden Universitäten gefragt wurden, bezeichneten nahezu alle Studierenden aus Princeton das Spiel als „hart und gemein", während die Mehrheit der Studierenden aus Dartmouth angaben, dass das Spiel „hart, sauber und fair" war. Dies macht deutlich, dass ein Footballspiel nicht in objektiver Weise wahrgenommen, sondern selektiv enkodiert wird im Hinblick auf das, was man zu sehen erwartet und sehen will.

3 Das Kovariationsprinzip besagt, dass man ein Verhalten auf einen Kausalfaktor attribuieren sollte, wenn dieser Faktor immer dann gegeben war, wenn das Verhalten aufgetreten ist, aber nicht gegeben war, wenn das Verhalten nicht aufgetreten ist.

4 Kelley postulierte, dass man Distinktheit, Konsistenz und Konsens bewertet, wenn man eine Attribution macht.

5 Studierende neigen dazu, sich Erfolge zuzuschreiben, aber Misserfolge weg zu erklären – dieses Muster könnte sie beispielsweise dazu veranlassen, ihre Lernmethoden nicht zu verändern, selbst wenn sie bei einem Examen schlecht abschneiden.

6 In den meisten Schulklassen haben die Lehrer zutreffende Informationen über das Potenzial ihrer Schüler, was die Möglichkeit selbsterfüllender Prophezeiungen verringert.

7 Erwartungsbestätigendes Verhalten ist der Prozess, durch den die Erwartungen einer Person zu Verhaltensweisen einer zweiten Person führen, die mit diesen Erwartungen übereinstimmen.

8 KRITISCHES DENKEN: Finanzskandale eignen sich aus mehreren Gründen gut für die Feststellung von interkulturellen Unterschieden bei Attributionen. Zum einen können Finanzskandale entweder dispositional oder situativ attribuiert werden, zum anderen werden Finanzskandale weltweit in unterschiedlichen Kulturen diskutiert und eignen sich deshalb zur Feststellung von kulturellen Unterschieden bei Attributionen von Szenarien.

9 Einstellungen umfassen kognitive, affektive und verhaltensbezogene Komponenten.

10 Persuasion ist eine bewusste Anstrengung, eine Einstellung zu ändern.

11 Die zentrale Route der Persuasion ist durch starke Elaboration gekennzeichnet, also durch sorgfältiges Nachdenken über das Material, das überzeugen soll.

12 Da Dissonanzreduzierung den Impuls zur Selbstkonsistenz widerspiegelt, beeinflussen interkulturelle Unterschiede im Selbstbild die Situationen, in denen Menschen Dissonanz empfinden.

13 Werbetreiber möchten häufig Compliance herbeiführen – eine Verhaltensänderung, die mit ihren direkten Aufforderungen übereinkommt.

14 Wenn Menschen große Erwartungen an Sie auf mittlere Erwartungen zurückschrauben, haben sie etwas für Sie getan. Die Reziprozitätsnorm erfordert dann, dass Sie etwas für Ihr Gegenüber tun, indem Sie der geringeren Forderung zustimmen.

15 Menschen missfällt das Gefühl, sie könnten etwas nicht haben. Diese Technik der Compliance wird als „Knappheit" bezeichnet.

16 KRITISCHES DENKEN: Dadurch, dass den Teilnehmern die Schokoriegel unbekannt waren, wurde ausgeschlossen, dass die Probanden durch Werbung oder durch andere Faktoren beeinflusst wurden. So konnten sich die Teilnehmer auch nicht nach dem Geschmack des Schokoriegels entscheiden. Ihre Wahl basierte ausschließlich auf den ihnen von den Forschern bereitgestellten Informationen.

17 Ein Vorurteil ist eine gelernte Einstellung gegenüber einem Zielobjekt, die negative Gefühle (Abneigung oder Furcht), negative Überzeugungen (Stereotypen), welche die Einstellungen legitimieren, und eine Verhaltensabsicht umfasst, Objekte der Zielgruppe zu vermeiden, zu kontrollieren, zu dominieren oder auszulöschen.

18 Es ist oft der Fall, dass die Voreingenommenheit für Angehörige der eigenen Gruppe Menschen dazu treibt, Angehörige anderer Gruppen in einem negativen Licht zu sehen.

19 Menschen interagieren oft miteinander in einer Weise, die es ihnen nicht ermöglicht, Stereotypen zu widerlegen.

20 Die Forschung deutet in die Richtung, dass Kontakt mit *Out*-Gruppen-Angehörigen Vorurteile durchgängig reduziert.

21 KRITISCHES DENKEN: Ein möglicher Grund wäre, dass davon ausgegangen werden kann, dass man generell mit einer glücklichen Person zusammenarbeiten würde – unabhängig von der Hautfarbe. Tendenziell sollte man annehmen, dass weniger gern mit einer Person mit wütendem Gesicht zusammengearbeitet werden möchte. Wenn jedoch eine Person angibt, starke Vorurteile gegenüber Afroamerikanern zu haben, könnte sich diese Annahme als falsch erweisen, da dieser Proband immer lieber mit weißen Personen zusammenarbeiten würde, unabhängig davon, welchen Gesichtsausdruck die Person auf dem Bild zeigt.

22 Menschen neigen dazu, eher diejenigen zu mögen, die ihnen gleichen.

23 Menschen mit festem Bindungsstil haben als Erwachsene oft die dauerhaftesten Liebesbeziehungen.

24 Die Interdependenztheorie konzentriert sich auf die Bedürfnisse, die Menschen in Beziehungen einbringen; die Beziehungen halten so lange, wie diese Bedürfnisse erfüllt werden.

25 KRITISCHES DENKEN: Die physische Attraktivität spielt eine große Rolle dafür, ob man die Beziehung weiter ausbauen will oder nicht. Deshalb war es wichtig, sie sowohl nach der ersten Verabredung als auch nach den Folgeverabredungen zu erfassen.

16.5 Antworten auf die Multiple-Choice-Fragen

1 d)

2 a), b)

3 a), c)

4 a)

5 b), c), d)

6 c)

7 c)

8 a), d)

9 c)

10 a), b), c)

11 a), b), d)

12 a), b), c), d)

13 b)

16.6 Richtig oder Falsch?

1 Falsch. Wenn die Ursache des Verhaltens in der Person liegt, bezeichnet man dies als internale oder dispositionale Kausalität.

2 Richtig. Verfügbarkeit bezeichnet die Stärke der Assoziation zwischen einem Einstellungsobjekt und der Bewertung dieses Objektes durch eine Person. Mit anderen Worten: Je schneller sich einem eine Antwort aufdrängt, desto wahrscheinlicher stimmt das Verhalten mit der Handlung überein. Darüber hinaus sind Einstellungen leichter verfügbar, wenn sie auf unmittelbaren Erfahrungen beruhen.

3 Falsch. Soziale Konstruktion der Realität beinhaltet, dass zwei Menschen das gleiche Ereignis unterschiedlich interpretieren.

4 Richtig. Forschungsergebnisse zeigen, dass Menschen im Durchschnitt mit größerer Wahrscheinlichkeit die dispositionale Erklärung wählen. Diese Tendenz ist so stark, dass der Sozialpsychologe Lee Ross sie als den „fundamentalen Attributionsfehler" bezeichnete.

5 Richtig. Die Effekte von Self-fulfilling Prophecies wurden beispielsweise von dem Psychologen Robert Rosenthal in einer Studie über die Interaktion von Erwartungshaltung der Lehrer und Leistung der Schüler dargestellt.

6 Falsch. Korrelationen zum tatsächlichen spezifischen Verhalten sind umso höher, je spezifischer nach den Einstellungen gefragt wurde.

7 Richtig. Es gibt eine große Bandbreite von Stereotypen, z.B. dass alle Asiaten sehr gut in Mathematik sind.

8 Richtig. So wird beispielsweise die Leistung von Afroamerikanern in Eignungstests beeinträchtigt, wenn sie glauben, dass das Ergebnis des Tests für das Stereotyp geringerer Leistungsfähigkeit von Schwarzen relevant ist.

9 Falsch. Elliot Aronson entwickelte die Puzzletechnik. In einer Studie zum Abbau von Vorurteilen erhielt in einer Studie jeder Schüler einen Teil des gesamten zu lernenden Materials und sollte dies dann mit anderen Gruppenmitgliedern teilen. Die Leistung wurde aufgrund der Leistung der gesamten Gruppe bewertet.

10 Richtig. Die zentrale Route bezeichnet Umstände, unter denen Menschen sorgfältig über persuasive Kommunikation nachdenken, so dass eine Einstellungsänderung von der Stärke der Argumente abhängt. Die periphere Route bezeichnet Umstände, unter denen Menschen sich nicht kritisch mit der Botschaft auseinandersetzen, sondern auf oberflächliche Hinweisreize in der Situation reagieren.

11 Falsch. Als In-Gruppen bezeichnet man Gruppen, als deren Mitglied man sich identifiziert.

12 Richtig. Die Kontakthypothese konnte jedoch in einem Experiment von Muzafer Sherif widerlegt werden. Der direkte Kontakt zwischen zwei verfeindeten Gruppen reichte in einem Ferienlager nicht aus, um Vorurteile zu reduzieren. Nur Probleme, welche durch kooperatives Handeln und gemeinsame Ziele gelöst werden konnten, reduzierten die Vorurteile der Mitglieder der einen Gruppe gegenüber den Mitgliedern der anderen Gruppe.

Soziale Prozesse, Gesellschaft und Kultur

17.1	Verständnisfragen	188
17.2	Multiple-Choice-Fragen	189
17.3	Richtig oder Falsch?	191
17.4	Antworten auf die Verständnisfragen	193
17.5	Antworten auf die Multiple-Choice-Fragen	195
17.6	Richtig oder Falsch?	196

17 Soziale Prozesse, Gesellschaft und Kultur

17.1 Verständnisfragen

1. Welche zwei Arten von Regeln werden unterschieden?
2. Was demonstrierte das Stanford-Gefängnisexperiment hinsichtlich sozialer Rollen?
3. Warum können Gruppen einen normativen Einfluss ausüben?
4. Welche Art von Einfluss können Minderheiten innerhalb einer Gruppe ausüben?
5. Wie können Sie Prozesse einer Gruppenpolarisierung erkennen?
6. KRITISCHES DENKEN: Denken Sie an die Studie zur Konformität in der Beurteilung der Länge von Linien zurück. Warum war es wichtig, dass die Gruppenmitglieder bei den ersten Durchgängen alle die richtige Antwort gaben?
7. Was versteht man unter "Groupthink"?
8. Was unterscheidet altruistische Verhaltensweisen von anderen Arten prosozialen Verhaltens?
9. Welche Rolle spielt der Verwandtschaftsgrad beim Hilfeverhalten?
10. Was bedeutet reziproker Altruismus?
11. Welche vier Motive erklären prosoziale Verhaltensweisen?
12. Warum tritt Verantwortungsdiffusion auf?
13. Wie kann man die Wahrscheinlichkeit eines Diebstahls verringern, wenn man beispielsweise im Schwimmbad sein Badehandtuch für einen kurzen Moment verlassen muss?
14. KRITISCHES DENKEN: Betrachten Sie die Studie zur Tendenz, Verwandten zu helfen. Warum untermauert hier der interkulturelle Vergleich die gezogenen Schlussfolgerungen?
15. Welches Postulat stellte Konrad Lorenz über die menschliche Aggression auf?
16. Warum glauben Forscher, dass genetische Faktoren eine Rolle bei der Aggressivität spielen?
17. Welche Beziehung besteht zwischen Frustration und Aggression?
18. Sie beobachten jemanden, wie er eine ältere Dame niederschlägt, um ihre Handtasche zu stehlen. Für welche Art von Aggression könnte diese Situation ein Beispiel sein?
19. Bei welchem Faktor erzielten Menschen, die eine Neigung zu instrumenteller Aggression angaben, hohe Werte?
20. Warum beeinflusst der Konsum aggressiver Medien Gedanken und Verhalten?

21 KRITISCHES DENKEN: Erinnern Sie sich an das Experiment zum Effekt gewalttätiger Videospiele. Warum war es wichtig, dass die Teilnehmer glaubten, die Aufgabe, in der sie Geschichten zu Ende schrieben, habe mit dem Videospiel nichts zu tun?

22 Wie verhielten sich die Vorhersagen der Psychiater zum tatsächlichen Verhalten der Probanden in Milgrams Experimenten?

23 Welche Rolle spielt die Schaffung von Sündenböcken bei der Vorbereitung eines Völkermordes?

24 Welche Rolle spielt die Persönlichkeit bei der Art, wie Menschen Geschichte einsetzen, um Aggression in Konflikten zu beurteilen?

25 Welche Ziele verfolgt die Abteilung Friedenspsychologie der Amerikanischen Gesellschaft für Psychologie?

26 Welcher Führungsstil provozierte in Kurt Lewins Forschung die meiste Aggression?

27 KRITISCHES DENKEN: Erinnern Sie sich an die Studie, in der Krankenschwestern Anweisungen zur Verabreichung einer gefährlich hohen Medikamentendosis erhielten. Warum war es wichtig, sowohl zu erfassen, was die Krankenschwestern ankündigten, als auch, was sie dann tatsächlich taten?

17.2 Multiple-Choice-Fragen

1 Welche Kräfte können zu Konformität führen?
  a. Prozesse des Formeneinflusses
  b. Prozesse des Regeleinflusses
  c. Prozesse des Informationseinflusses
  d. Prozesse des Bedürfniseinflusses

2 Sherifs Experiment zu Wahrnehmungsveränderungen ...
  a. zeigt, wie Normenkristallisierung entsteht.
  b. wurde unter Verwendung einer Wahrnehmungstäuschung, dem sog. autokinetischen Effekt, durchgeführt.
  c. zeigt, dass etablierte Normen in einer Gruppe aufrechterhalten werden.

3 Der Asch-Effekt ...
  a. bezieht sich auf Informationseinflussprozesse.
  b. bezieht sich auf Normeneinflussprozesse.
  c. wurde erstmals von Asch bei einem Experiment zum Vergleich von unterschiedlich großen Kreisen mit Standardkreisen gefunden.
  d. wurde von Muzafer Asch entdeckt.

4 Welche Art/en von Prozess/en liegt/en der Gruppenpolarisierung zugrunde?
   a. Informationseinfluss
   b. sozialer Vergleich
   c. Groupthink
   d. Risikofreudigkeit

5 Das Konzept des reziproken Altruismus ...
   a. dient der Erklärung von Altruismus gegenüber Bekannten.
   b. dient der Erklärung von Altruismus gegenüber Fremden.
   c. schreibt Altruismus keinen Überlebenswert zu.

6 Was ist kein Motiv für soziales Verhalten nach Batson?
   a. Altruismus
   b. Kollektivismus
   c. Prinzipien
   d. Verantwortungsdiffusion
   e. Egoismus

7 Menschen leisten Hilfe im Notfall, wenn sie ...
   a. den Notfall bemerken, ihn als Notfall einstufen und sich in der Situation verantwortlich fühlen.
   b. Verantwortungsdiffusion erfahren.

8 Welcher Neurotransmitter wird mit der Entstehung von Aggression in Verbindung gebracht?
   a. Adrenalin
   b. Noradrenalin
   c. Serotonin
   d. Acetylcholin

9 Welche Aussage zur Aggression trifft zu?
   a. Impulsive Aggression entsteht als Reaktion auf Situationen.
   b. Instrumentelle Aggression entsteht als Reaktion auf Situationen.
   c. Instrumentelle Aggression ist emotionsbasiert.
   d. Impulsive Aggression ist wissensbasiert.

10 Wie viel Prozent der Teilnehmer an Milgrams Experiment zum Gehorsam gegenüber Autoritäten führten es bis zu Ende durch?
   a. 4%
   b. 35%
   c. 56%
   d. 76%

11 Was trifft bezüglich des Effekts des Gehorsams in Milgrams Experiment zu?
   a. Situative Variablen hatten den größten Einfluss.
   b. Persönlichkeitsvariablen hatten den größten Einfluss.
   c. Das Aussehen der Person, welche die Schocks erhielt, hatte den größten Einfluss.
   d. Das Auftreten des vermeintlichen Versuchsleiters hatte den größten Einfluss.

12 Was sind Staub zufolge keine möglichen Ursachen für das Entstehen von Völkermorden?
   a. schwierige Lebensbedingungen
   b. Sündenbock-Mechanismen
   c. Gerechte-Welt-Glauben
   d. genetische Faktoren

13 Welche drei Arten von Führungsstilen werden unterschieden?
   a. diktatorisch, autokratisch, laisser-faire
   b. demokratisch, aristokratisch, laisser-faire
   c. demokratisch, autokratisch, laisser-faire
   d. diktatorisch, aristokratisch, laisser-faire

17.3 Richtig oder Falsch?

1 Eine soziale Rolle ist ein sozial definiertes Verhaltensmuster, das von einer Person erwartet wird, wenn sie in einer bestimmten Umgebung oder Gruppe funktioniert.
   __ richtig
   __ falsch

2 Soziale Normen beinhalten die expliziten und impliziten Regeln, die für sozial akzeptiertes Verhalten wichtig sind.
   __ richtig
   __ falsch

3 Wenn man dem Teilnehmer im Asch-Experiment einen einzigen Verbündeten gab, der von der Mehrheitsmeinung abwich, dann verringerte sich die Konformität kaum.
   __ richtig
   __ falsch

4 Serge Moscovici war ein Pionier bei den Untersuchungen zum Einfluss von Mehrheiten auf Gruppenentscheidungen.
   __ richtig
   __ falsch

5 Gruppendepolarisierung bedeutet, dass einzelne Mitglieder alleine weniger extreme Entscheidungen getroffen hätten als die Gruppe.
  __ richtig
  __ falsch

6 Altruismus ist keine Form von prosozialem Verhalten.
  __ richtig
  __ falsch

7 Kollektivismus besagt, dass prosoziales Verhalten gezeigt wird, um einer Gruppe Gutes zu tun.
  __ richtig
  __ falsch

8 Batson und seine Kollegen stellten die Empathie-Altruismus-Hypothese auf.
  __ richtig
  __ falsch

9 Latané und Darling führten Untersuchungen zum Eingreifen Umstehender in Notsituationen durch.
  __ richtig
  __ falsch

10 Die Wahrscheinlichkeit des Eingreifens hängt nicht von der Anzahl der vermeintlich Beteiligten ab.
  __ richtig
  __ falsch

11 Nach Konrad Lorenz haben Menschen als einzige Spezies angemessene Mechanismen entwickelt, um Aggression zu hemmen.
  __ richtig
  __ falsch

12 Menschen, die eine Neigung zu impulsiver Aggression angaben, erzielten häufig hohe Werte auf dem Faktor „emotionale Reagibilität".
  __ richtig
  __ falsch

13 Nach der Frustrations-Aggressions-Hypothese entsteht Aggression als Folge von übermäßiger Frustration.
  __ richtig
  __ falsch

14 Effekte des Normeneinflusses und des Informationseinflusses sind die Ursachen dafür, dass Menschen in bestimmten Situationen Gehorsam gegenüber Autoritäten zeigen.
  __ richtig
  __ falsch

15 In Lewins Experiment zu Führungsstilen stellte sich der demokratische Führungsstil als der effektivste heraus.
  __ richtig
  __ falsch

17.4 Antworten auf die Verständnisfragen

1 Es gibt explizite Regeln – sie werden direkt erwähnt – und implizite Regeln – sie werden durch Transaktionen mit anderen Regeln in bestimmten Umgebungen gelernt.

2 Das Stanford-Gefängnisexperiment zeigte, wie schnell Menschen die Verhaltensmuster übernehmen, die durch soziale Rollen vorgegeben werden. Die Macht der simulierten Gefängnissituation hatte im Denken der Wärter und ihrer Gefangenen eine neue soziale Realität geschaffen – ein reales Gefängnis.

3 Weil Menschen gemocht und akzeptiert werden sowie Bestätigung erfahren möchten, können Gruppen einen normativen Einfluss ausüben.

4 Minderheiten können einen informationellen Einfluss ausüben – ihr Einfluss beruht auf dem Bedürfnis der Angehörigen der Mehrheit nach Korrektur.

5 Wenn die gemeinsame Entscheidung einer Gruppe extremer, ist als es die jedes einzelnen Gruppenmitglieds gewesen wäre, weist das auf Prozesse der Gruppenpolarisierung hin.

6 KRITISCHES DENKEN: Dadurch, dass alle Gruppenmitglieder die richtige Antwort gaben, erschienen sie glaubhaft, kompetent und vertrauenswürdig. Hierdurch wird der Proband noch mehr verunsichert, wenn er später eigentlich anderer Meinung ist als die Gruppe.

7 "Groupthink" bezeichnet die Tendenz einer Gruppe, die Entscheidungen treffen muss, unerwünschten Input auszufiltern.

8 Altruistische Verhaltensweisen sind prosoziale Verhaltensweisen, die ein Mensch ausführt, ohne auf seine eigene Sicherheit oder seine eigenen Interessen zu achten.

9 Die Untersuchung von japanischen und amerikanischen Studenten zeigte, dass die Wahrscheinlichkeit, eine Person zu retten, mit zunehmendem Verwandtschaftsgrad anstieg.

10 Reziproker Altruismus ist die Vorstellung, dass Menschen sich altruistisch verhalten, weil sie im Gegenzug erwarten, selbst Nutznießer altruistischen Verhaltens zu werden.

11 Die Forschung legt nahe, dass Menschen sich aus altruistischen, egoistischen, kollektivistischen und prinzipiengeleiteten Gründen prosozial verhalten.

12 Wenn eine Gruppe von Menschen Zeuge eines Notfalls wird, nehmen die Menschen in der Gruppe meistens an, dass schon jemand anderer die Verantwortung für die Notfallmaßnahmen übernommen habe.

13 Indem man eine Person fragt, ob sie kurz auf die Sachen aufpassen könnte, weist man ihr Verantwortung zu. Somit fühlt sich die Person für die Gegenstände verantwortlich und verhindert mit hoher Wahrscheinlichkeit den Diebstahl durch Eingreifen.

14 KRITISCHES DENKEN: Die Tatsache, dass sowohl bei amerikanischen als auch bei japanischen Probanden die Hilfsbereitschaft mit dem Verwandtschaftsgrad stieg, untermauert die Schlussfolgerung, dass in lebensbedrohlichen Situationen die Wahrscheinlichkeit des Hilfeverhaltens mit dem Verwandtschaftsgrad ansteigt, weil der Mensch sein Erbgut „sichern" will.

15 Lorenz ging davon aus, dass der Mensch keine Mechanismen entwickelt habe, die ihm die Inhibition aggressiver Impulse ermöglichen.

16 Forscher haben mithilfe von Zwillingsstudien demonstriert, dass eineiige Zwillinge eine höhere Übereinstimmung bei antisozialem und aggressivem Verhalten als zweieiige Zwillinge aufweisen.

17 Wenn Menschen bei der Verfolgung ihrer Ziele frustriert werden, steigt die Wahrscheinlichkeit, dass sie aggressiv werden.

18 Dies ist ein Beispiel für instrumentelle Aggression, denn die Person hat überlegt gehandelt (sich eine ältere, ihm unterlegene Person ausgesucht), um ihr Ziel (die Handtasche zu stehlen) zu erreichen.

19 Menschen, die eine Neigung zu instrumenteller Aggression angaben, erzielten hohe Werte auf dem Faktor „positive Bewertung von Gewalt". Diese Menschen waren der Ansicht, dass viele Formen der Gewalt gerechtfertigt sind und akzeptierten auch keine moralische Verantwortung für aggressives Verhalten.

20 Erfahrungen mit Gewaltmedien suggerieren Menschen, dass Aggression ein akzeptabler Weg sei, um mit Konflikten und Wut umzugehen.

21 KRITISCHES DENKEN: Wenn die Teilnehmer gewusst hätten, dass die Aufgabe im Zusammenhang mit dem Videospiel steht, wären sie sich über den Inhalt ihrer Geschichten bewusster gewesen und dies hätte die Ergebnisse der Studie verzerrt. Die Teilnehmer hätten dann eventuell darauf geachtet, dass sie in den Geschichten keine aggressiven Anspielungen machen.

22. Die Voraussagen der Psychiater unterschätzten beträchtlich die Anzahl der Menschen, die bereit waren, Elektroschocks bis hin zu sehr hohen Stromstärken zu verabreichen.

23. Wenn eine Gruppe zum Sündenbock für gesellschaftliche Missstände wird, ist es leicht, Gewalt gegen sie zu rechtfertigen.

24. Die Forschung legt nahe, dass Menschen mit höheren Dominanzwerten verstärkt Aggression im Kontext von Lehren aus der Geschichte gutheißen.

25. Die Amerikanische Gesellschaft für Psychologie besitzt eine Abteilung für Friedenspsychologie, die an der Förderung des Friedens in Nationen, Gemeinden und Familien arbeitet. Des Weiteren fördert sie Forschung, Erziehung und Training zu Themen, die sich mit den Ursachen, Folgen und der Prävention von Gewalt und destruktiven Konflikten befassen.

26. Lewin demonstrierte, dass autokratische Anführer bei den Gruppenmitgliedern die stärksten Aggressionen hervorriefen.

27. KRITISCHES DENKEN: Die Erfassung, was die Krankenschwestern tatsächlich taten, war deshalb von großer Bedeutung, weil sich dies deutlich von dem unterschied, was sie vorgaben zu tun. Während der Großteil aller Krankenschwestern angab, dass sie das Medikament nicht verabreichen würden, verabreichten fast alle Krankenschwester das Medikament, als sie sich tatsächlich in dieser Situation befanden.

17.5 Antworten auf die Multiple-Choice-Fragen

1. c)
2. a), b), c)
3. b)
4. a), b)
5. a), b)
6. d)
7. a)
8. c)
9. a)
10. c)
11. a)
12. d)
13. c)

17.6 Richtig oder Falsch?

1 Richtig. Jeder Mensch hat unterschiedliche Rollen in unterschiedlichen sozialen Situationen. Zu Hause ist man beispielsweise der große Bruder/die große Schwester, an der Universität ist man ein/e Student/in und in einer anderen Situation ist man der/die beste Freund/in.

2 Richtig. Soziale Normen sind die Erwartungen einer Gruppe an ihre Mitglieder im Hinblick auf akzeptable und angemessene Einstellungen und Verhaltensweisen. Diese Erwartungen können direkt ausgedrückt werden (explizit) oder sie werden indirekt (implizit) kommuniziert.

3 Falsch. Wenn man dem Teilnehmer im Asch-Experiment einen einzigen Verbündeten gab, der von der Mehrheitsmeinung abwich, dann verringerte sich die Konformität merklich. Mit einem Partner waren die Teilnehmer für gewöhnlich in der Lage, dem Druck zur Übereinstimmung mit der Mehrheit zu widerstehen.

4 Falsch. Serge Moscovici war ein Pionier bei den Untersuchungen des Einflusses von Minderheiten.

5 Falsch. Gruppenpolarisierung bedeutet, dass Gruppen eine Tendenz zu Entscheidungen aufweisen, die extremer als die Entscheidungen sind, welche die Mitglieder allein getroffen hätten.

6 Falsch. Altruismus ist eine Form von prosozialem Verhalten. Als Altruismus bezeichnet man prosoziales Verhalten, das ein Mensch ohne Rücksicht auf seine eigene Sicherheit und seine eigenen Interessen ausübt.

7 Richtig. Bei Kollektivismus leisten Menschen Hilfe, um die Bedingungen ihrer Familie, Studentenverbindung, politischen Partei usw. zu verbessern.

8 Richtig. In einem Experiment konnten Batson und seine Kollegen Belege zugunsten der Empathie-Altruismus-Hypothese liefern: Wenn man einer anderen Person empathisch gegenübersteht, wecken diese Gefühle altruistische Motive, Hilfe zu leisten.

9 Falsch. Latané und Darley führten Untersuchungen zum Eingreifen Umstehender (Bystanders) in Notsituationen durch.

10 Falsch. Die Wahrscheinlichkeit des Eingreifens sinkt mit der Anzahl der vermeintlich Beteiligten.

11 Falsch. Laut Konrad Lorenz unterscheidet sich die menschliche Spezies dadurch, dass sie keine angemessenen Mechanismen entwickelt hat, um ihre aggressiven Impulse zu hemmen. Lorenz ging davon aus, dass sich diese hemmenden Mechanismen nicht entwickeln konnten, weil sich Menschen bis zur Erfindung von künstlichen Waffen nicht viel Leid zufügen konnten.

12 Richtig. Forschungsarbeiten haben bestätigt, dass Menschen mit einer Tendenz zu verschiedenen Arten von Gewalt unterschiedliche Persönlichkeitsmerkmale besitzen. Menschen mit einer Neigung zu impulsiver Aggression erzielen beispielsweise häufig hohe Werte auf dem Faktor „emotionale Reagibilität" – sie zeigen im Allgemeinen starke emotionale Reaktionen auf eine Bandbreite von Situationen.

13 Richtig. Laut dieser Hypothese entsteht Frustration in Situationen, in welchen Menschen in ihrer Zielerreichung behindert oder von ihr abgehalten werden; ein Anwachsen der Frustration führt dann zu einer größeren Wahrscheinlichkeit für das Auftreten von Aggression.

14 Richtig. Es können zwei Gründe angeführt werden, warum Menschen in Situationen wie bei dem Milgram-Experiment Gehorsam gegenüber Autorität zeigen. Sie liegen in Effekten des Normeneinflusses (Menschen wollen gemocht werden) und des Informationseinflusses (sie wollen sich korrekt verhalten).

15 Richtig. Die Teilnehmer zeigten unter demokratischer Führung das höchste Maß an Interesse, Motivation und Originalität; sie arbeiteten gleichmäßiger und am effektivsten. Wenn Unzufriedenheit entstand, wurde sie mit größerer Wahrscheinlichkeit offen ausgedrückt.

PSYCHOLOGIE

Laura E. Berk

Entwicklungspsychologie
ISBN 978-3-8689-4049-7
79.95 EUR [D], 82.20 EUR [A], 105.00 sFr*
1104 Seiten

Entwicklungspsychologie

BESONDERHEITEN

Nach wie vor gilt Berks Buch zur Entwicklungspsychologie mit Recht zu den am besten didaktisierten und übersichtlichsten Lehrbüchern auf diesem Gebiet. Die nun vorliegende 5. Auflage wird diesen Ruf weiter festigen: Das Buch hat eine klare chronologische Struktur, ist umfassend, gut lesbar und zeichnet sich durch seine verständliche Sprache, die Einbeziehung der neuesten Forschungsergebnisse sowie eine Vielzahl an aktuellen praktischen Beispielen aus. Dadurch vermittelt es Studenten ein Verständnis der einzelnen Entwicklungsstufen und Prozesse der menschlichen Entwicklung, wobei jede Entwicklungsstufe jeweils aus physischer, kognitiver, emotionaler und sozialer Perspektive betrachtet wird.

KOSTENLOSE ZUSATZMATERIALIEN
AUF DER COMPANION-WEBSITE:

Für Dozenten

- Alle Abbildungen, Meilenstein-Abbildungen und Tabellen des Buches

Für Studenten

- Kapitel-Tests mit Lösungen

- Praxis-Tests mit Lösungen und Buchverweisen

- Glossar, Linksammlung

* unverbindliche Preisempfehlung

ALWAYS LEARNING   PEARSON

Richard J. Gerrig
Philip G. Zimbardo

Psychologie
ISBN 978-3-8273-7275-8
49.95 EUR [D], 51.40 EUR [A], 77.90 sFr*
864 Seiten

Psychologie

BESONDERHEITEN

Der „Zimbardo" gibt einen umfassenden Einstieg in die verschiedenen Bereiche der Psychologie. Kaum einem anderen Buch gelingt eine so interessante und anschauliche, aber dennoch wissenschaftlich hoch anspruchsvolle Einführung in diese Thematik. Ausgangspunkt ist dabei stets ein Verständnis der Psychologie als Wissenschaft; hierauf aufbauend werden die Anwendungsbereiche für das tägliche Leben dargestellt. Durch die verständliche Darstellungsweise bietet das Buch einen vorzüglichen Einstieg und dient zugleich als Nachschlagewerk für die Grundlagen der Psychologie. Die neue Auflage bietet neben einer umfassenden Aktualisierung von Beispielen aus Forschung und Kultur erstmals auch Wiederholungsfragen zu den einzelnen Kapiteln.

KOSTENLOSE ZUSATZMATERIALIEN

Für Dozenten:
- Alle Abbildungen elektronisch zum Download

Für Studenten:
- Glossar
- Multiple-Choice-Tests und Verständnisfragen
- Weiterführende Links

PSYCHOLOGIE

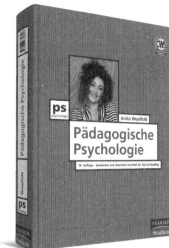

Anita Woolfolk

Pädagogische Psychologie
ISBN 978-3-8273-7279-6
59.95 EUR [D], 61.70 EUR [A], 93.90 sFr*
864 Seiten

Pädagogische Psychologie

BESONDERHEITEN

Dieses weltweit am weitesten verbreitete Lehrbuch zur Pädagogischen Psychologie behandelt den kompletten Themenkatalog des Fachs - ideal für die Einführungsveranstaltungen und vor allem die Lehrerausbildung an deutschen Hochschulen. Es behandelt leicht verständlich und didaktisch hervorragend aufbereitet alle Themen, die ein Lehrender über das Lernverhalten von Schülern und die praktische Umsetzung im Unterricht wissen muss. Das Buch ist - inklusive der Abbildungen - komplett auf die Verhältnisse im deutschsprachigen Raum angepasst worden.

KOSTENLOSE ZUSATZMATERIALIEN

Für Dozenten:
- Alle Abbildungen des Buchs zum Download

Für Studenten:
- Glossar
- Weiterführende Links

*unverbindliche Preisempfehlung

Siegbert Reiß
Viktor Sarris

Experimentelle Psychologie
- Von der Theorie zur Praxis
ISBN 978-3-8689-4147-0
19.95 EUR [D], 20.60 EUR [A], 26.90 sFr*
224 Seiten

Experimentelle Psychologie - Von der Theorie zur Praxis

BESONDERHEITEN

Das Buch zur Einführung in die Experimentalpsychologie vermittelt Studierenden die Grundlagen des psychologischen Experimentierens. Anhand zahlreicher Beispiele, Illustrationen, Demonstrationen und Originaluntersuchungen sowie der Erläuterung der wichtigsten Fachbegriffe wird der Einstieg in die Experimentalpsychologie ermöglicht. Die Gliederung des Buches entspricht im Hauptteil dem Ablauf eines psychologischen Experiments, durch entsprechende Visualisierung findet sich der Lernende zurecht und weiß jederzeit, in welchem Stadium des Experiments er sich gerade befindet.

KOSTENLOSE ZUSATZMATERIALIEN

Für Dozenten:
- Alle Abbildungen aus dem Buch zum Download

Für Studenten:
- Übungsbeispiele zur selbstständigen Datenerhebung
- Multiple-Choice-Aufgaben
- Weiterführende Links